장도리의 대한민국 現在史 2014~15

헬조선에
장도리를 던져라

우리가 사는 세상

'국민학교' 다닐 때 보던 만화책에는 '심의필'이라는 마크가 찍혀 있었습니다. 이순신 장군 동상 건립 등 민족혼을 강조하는 정책을 펼치면서도 초등교육기관의 명칭은 황국신민을 양성하던 일제강점기 때의 것을 사용한 시절의 이야기입니다.

당시에는 만화에서 정치·사회적 문제를 다루지 못한 것은 물론 구멍 난 천장에서 쥐들이 떨어지는 장면도 서민들의 낙후한 생활상을 드러내어 정부의 경제개발 성과에 흠집을 낸다는 이유로 삭제되기도 하였습니다. 그리하여 군데군데 수정과 삭제를 거쳐 정부로부터 대한민국 어린이의 '사상 건강'에 안전하다는 심의필 도장을 받은 후에야 출판될 수 있었습니다.

국가권력은 이러한 방식으로 출판과 언론을 통제하였고, 여기에 저항하면 납치와 고문 등을 자행해 굴복시켰습니다.

오랜 세월이 흘러 당시 대통령의 딸이 집권하는 지금은 수많은 시민들의 희생과 노력으로 일구어낸 민주화의 토양 위에서 언론이 자유를 꽃피우고, 만화에 대통령의 얼굴도 자유롭게 그릴 수 있는 시대가 되었습니다. 그러나 민주화의 결실의 상당 부분은 자본 권력이 가져가고, 많은 국민들은 과거와는 다른 방식의 억압을 경험하고 있습니다.

국가 경제성장을 주도하며 몸집을 키워왔던 재벌은 독재 권력의 통제에서 벗어나자 스스로가 권력 집단이 되어 법과 언론마저 무력화시키며 국민들의 수많은 기회를 앗아가고 있습니다. 골목 상권을 점령해 영세 자영업자들의 피땀을 가로채고 비정규직과 하청업체의 노동자들을 쥐어짜면서 일자리 창출에는 관심을 보이지 않고 경영권 세습과 확보에만 혈안이 되어 있습니다.

최근 부를 형성하는 데 상속 및 증여가 기여한 비중을 연구한 결과, 1970년대에 36%였던 것이 2000년대에는 42.0%까지 증가한 것으로 나타났다고 합니다. 막걸릿집에서 대통령 흉을 보면 잡아가던 1970년대에 비해 SNS에서 대통령에 대한 험담을 늘어놓는 자유를 누리는 2015년이지만 부의 대물림 정도가 심해진 탓에 스스로의 노력으로 성취할 수 있는 경제적 자유도는 오히려 떨어진 것입니다.

심화되는 빈부 격차와 이를 좁힐 가능성 또한 사라지고 있는 억압적 현실 속에서 젊은이들은 '헬조선'이라는 자조적인 표현을 통해 구출의 손을 내밀고 있습니다. 그러나 부모의 재산이 인생을 결정하는 사회구조 덕으로 권좌에 오른 사람들은 1970년대식 '하면 된다'와 '잘살아보세' 구호를 앞세우며 '노오력'만을 요구하고 있습니다.

수십 년 전의 박정희 정권은 독재에 저항하던 청년들을 고문실과 감옥에 가두며 지옥을 경험하게 했습니다. 21세기의 박근혜 정권은 경제민주화 공약을 폐기하고 규제 완화와 노동 유연화 정책을 펼치며 고문실과 같은 헬조선의 청년들을 방치하고 있습니다.

지옥의 불구덩이 속에서 청년들이 신음하는 동안 박근혜 정부는 그들만의 관심사인 국정교과서 제작과 정권 연장에 몰두합니다.

지난해 출간한 《세월의 기억》에는 전대미문의 비극적인 참사를 겪은 국민들의 슬픔과 정부의 무능에 대한 분노, 그리고 다시는 이러한 참사가 일어나면 안 된다는 다짐이 담겨 있습니다. 그러나 차디찬 바닷속으로 사라져가는 어린 학생들을 살려내지 못한 한국의 현실을 바꾸지 못한다면 또 다른 세월호의 비극을 막을 수 없을 것입니다.

대한민국의 청년들을 태운 헬조선이라는 배가 뜨거운 불구덩이 속으로 빠져드는 것을 보면서도 가만히 있으라고만 하는 잘못을 반복해서는 안 될 것입니다.

올해는 〈장도리〉가 〈경향신문〉에 연재된 지 만 20년이 되는 해입니다. 20년이라는 세월 동안 〈장도리〉를 연재할 수 있었던 힘은 독자님들이 보내주신 애정에서 비롯된 것입니다. 그에 보답하기 위해 우리가 처한 현실에 대한 고민과 성찰을 게을리 하지 않고 만화 속에 깊이 있게 담아낼 수 있도록 더욱 노력하겠습니다.

2015년 11월

박 순 찬

헬조선에 장도리를 던져라

차례

1장

헬조선에서 살아남기

– 대한민국 99%가 사는 법

끼리끼리

한국의 경제

이씨끼리, 정씨끼리

李 전자 금융 건설 鄭 자동차 호텔 중공업

세월호 문제

새씨끼리

새정치 새누리

유가족 빼고 합의

5개월간의 줄다리기 끝에 여야가 세월호 특별법 협상을 타결했지만 정치권 안팎에서 후폭풍이 일고 있습니다.
피해자들의 의견을 배제하고 정치적 논리에 따라 만들어진 협상안에 대해
참사의 원인을 명확히 밝히고 안전한 대한민국을 만들고자 하는 시민들이 우려와 분노의 시선을 던집니다.

창조경제

2014년 10월 16일

단말기 유통구조 개선법 시행 이후 휴대폰 구입 가격이 비싸져 소비자들의 불만이 큰 가운데
국내 휴대폰 가격이 세계에서 가장 높다는 조사 결과가 나옵니다.
박정희 정권 때부터 시작된 재벌 중심의 경제성장 정책이 지금까지 이어져 내려와
재벌 기업의 자만심과 이기심만을 키우고 있습니다.

지겨운 것

대통령을 모독하는 유언비어를 근절하겠다는 사이버 공안 통치의 한파가 불고 있습니다.

국민들의 알 권리와 표현의 자유를 억압하고 사생활을 감시하는 권력의 습성이

독재 정권 시절부터 오랜 세월 동안 질긴 생명력으로 이어져오고 있지만 권력층은 지겨움을 느끼지 않습니다.

포장

무심코 걸어 다닌 환풍구 철판 아래 천길만길 낭떠러지가 도사리고 있었습니다.
알고 보면 도처에 사람의 생명을 위협하는 흉기들이 값싼 포장으로 그 위험을 감추고 있습니다.
비용 절감과 수익이 사람의 생명보다 우선인 사회입니다.

민물장어의 꿈

가수 신해철 씨가 장협착 수술 후 심정지로 서울아산병원 응급센터 중환자실에 이송돼 수술을 받았으나
닷새간 의식을 찾지 못하다 세상을 떠나고 맙니다. 신해철 씨의 갑작스러운 죽음에 수많은 팬들이 안타까움을 금치 못하며
장협착 수술 과정에서의 의료사고 가능성에 대해 분노하고 있습니다.

집 사세요

지난달 서울의 아파트 전셋값은 평균 3억 1,341만 원으로, 1년 사이 2,666만 원이나 오른 것으로 조사됩니다.
2년 전과 비교하면 약 5,000만 원 상승한 금액이라고 합니다. 나날이 폭등하는 전셋값에 수반되는 서민들의 고통이
집권 세력의 눈에는 이해할 수 없는 아우성일 뿐입니다.

공짜

'무상급식'이라는 용어는 보편적 복지의 이념이 아닌 약자에 대한 시혜라는 구시대적 가치관을 내포하고 있습니다.
복지는 미래 사회에 대한 투자이자 의무가 되어야 함에도 불구하고 성장의 걸림돌로 인식되고 있는 실정입니다.
한편 중앙정부와 지방자치단체에서 편성한 박정희 전 대통령 기념사업 예산은 내년도에만 403억 원이 편성된 것으로 알려집니다.
미래를 위한 투자보다 과거의 권력을 위한 봉헌에 매달리고 있는 대한민국의 오늘입니다.

FTA 시대

박정희 전 대통령 기념사업에 7년간 책정된 예산이 내년 책정 예산 403억 원을 포함해 1,356억 5,000만 원에 달하는 것으로 밝혀집니다. 박 전 대통령의 생가가 있는 구미시는 286억 원을 들여 박정희 전 대통령 생가 공원화 사업을 완료했고, 2017년 완공을 목표로 888억 원이 들어가는 새마을운동 테마 공원 사업도 추진중입니다.
국민들을 피눈물 흘리게 한 독재자가 지금은 국민들의 혈세를 빨아들이고 있습니다.

변한 것

무인 우주선 로제타호가 10년 8개월 동안 65억㎞를 비행하여 혜성에 도달함으로써 탑재된 탐사 로봇 필레가
사상 최초로 혜성 표면에 착륙했다는 소식입니다. 인류의 문명은 이제 혜성에 탐사 로봇을 착륙시키는 단계로까지 진보했습니다.
하지만 대법원은 쌍용차의 노동자 대량 해고에 대해 '긴박한 상황 속에서 법원 허가를 받은 적법한 조치'라는 판결을
내리는 시대에 머물러 있습니다.

애들 좀 낳읍시다

1970년대 '아들딸 구별 말고 둘만 낳아 잘 기르자'라는 구호를 앞세워 산아제한 정책을 펼친 대한민국에서
이제는 세계 최고 수준의 속도로 고령화와 인구 감소가 진행되고 있습니다.
힘든 현실 속 미래에 대한 희망마저 보이지 않는 사회구조 아래서 아이들을 낳으라는 정부의 호소는 공허할 뿐입니다.

44년 전과 오늘

박근혜 대통령의 어휘 사용이 논란이 되고 있습니다. 최근 '일자리 창출과 투자를 가로막고 있는 규제들은 단두대에 올려 규제 혁명을 이루겠다'고 한 국무회의 발언에서도 '단두대', '혁명' 등의 거칠고 자극적인 표현을 사용해 5·16 쿠데타 후의 박정희 전 대통령을 연상시킨다는 지적을 받고 있습니다.

산타

대법원은 한상균 전 금속노조 쌍용차지부장 등 열 명이 쌍용차를 상대로 낸 해고무효소송의 상고심에서
'아홉 명의 해고는 적법하다'고 판결한 원심을 확정합니다.
'정윤회 문건'을 박근혜 대통령이 '찌라시'로 규정한 이후 비선 실세의 국정 농단 의혹 수사는 경찰의 자작극으로 마무리됩니다.
올 성탄절에 권력자들은 법이라는 산타의 선물을 받습니다.

조사해봐

2014년 10월 10일

7시간 행적 궁금

회장님 살았나 죽었나

의혹이 많네, 조사해봐

존엄하신 지도자들께 의혹을 갖고 모독하는 무리들을..

구멍

2014년 10월 20일

싱크홀

환풍구

무서운 세상.. 도처에 ...

구멍 (사찰)

종북 분자들

조사해봐
사이버 검열에 대한 공포심이 확산되면서 카카오톡 이용자들의 이탈이 급증하는 가운데 세월호 참사 당일 박근혜 대통령의 행적에 대한 의혹을 보도한 일본 산케이신문 전 서울지국장이 검찰에 기소됩니다. '제2의 새마을운동'과 '제2의 한강의 기적'의 깃발을 휘날리고 있는 박근혜 정권이 '제2의 막걸리 보안법'의 악몽까지 상기시킵니다.

구멍
성남시 판교테크노밸리에서 걸그룹의 공연을 보기 위해 환풍구에 올라간 관람객이 추락해 열여섯 명이 숨지는 사고가 발생합니다. 흥행만을 생각하여 안전 요원도 없이 무책임하게 진행된 행사에서 철재로 부실하게 덮인 환풍구가 대형 참사를 부른 것입니다. 세월호 참사라는 전대미문의 비극에서도 교훈을 얻지 못한 채 반복되는 인재로 소중한 생명을 잃고 있습니다.

종북 분자들
국정원의 대선 개입, 해킹과 같은 불법 공작들은 탄로가 나도 대북 안보라는 이유로 면죄부를 받습니다. 주적인 북한에 대응해 체제를 지킨다는 명분에서 불법 공작은 애국 행위가 되고, 이에 방해되는 목소리는 모두 종북 세력으로 낙인찍힙니다.

눈물과 촛불

세월호의 슬픔에 잠겼던 2014년이 지나갑니다.
크나큰 아픔을 뒤로 하고 다시는 이러한 비극을 반복하지 않기 위해 참사가 일어난 원인을 정확하게 밝히고
한국 사회의 누적된 모순을 고쳐 보다 안전한 사회를 만들어나가야 하겠습니다.

새해

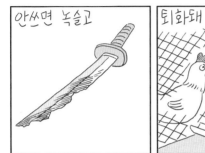
안쓰면 녹슬고

퇴화돼

민주주의 재활의 해 되길

2015년 새해가 밝았습니다.
지난해의 깊은 상처와 아픔을 딛고 민주주의의 회복을 위해 절실히 노력해야 할 시기입니다.

파부침주

인사 실패와 비선 실세 국정 개입 의혹 사건으로 교체설에 휘말린 김기춘 청와대 비서실장이 대통령 비서실 시무식에서
'여러 가지 불충한 일들이 있어 위로는 대통령께, 나아가서는 국민과 나라에 많은 걱정을 끼친 일들이 있었다'며
'배수의 진을 치고 옛 고사에 나오듯 파부침주(破釜沈舟)하는 마음으로 앞으로 나가지 않을 수 없다'고 말합니다.
누구와 싸우려고 민생의 솥단지를 깨고 있는지 모를 일입니다.

테러를 대하는 자세

이슬람 창시자 마호메트를 부정적으로 묘사한 만평 등을 실어 이슬람의 반발을 사온 프랑스 주간지 〈샤를리 에브도〉가
이슬람 극단주의자로부터 테러 공격을 당해 열두 명이 숨지는 사고가 발생합니다.
파리에는 최고 수준의 경계령이 내려지고, 테러에 대한 규탄의 목소리가 높아집니다. 한편 지구촌 동쪽 어느 나라에서는
북한을 방문한 재미 교포의 콘서트장에서 테러를 감행한 소년을 위한 모금 운동이 벌어지고 있습니다.

종북몰이만 잘하면 된다

김영한 민정수석이 비선 실세 국정 개입 의혹과 관련해 소집되는 국회 운영위원회에 출석하라는 김기춘 대통령 비서실장의 지시를 거부하고 갑자기 사퇴해 파문이 입니다. 총리 후보의 낙마, 세월호 참극, 청와대의 국정 농단과 문건 유출 의혹 등 악재가 줄을 이어도 이 모든 것은 종북몰이로 덮여 사라지고 맙니다.

띵~

경기도 의정부의 한 아파트에서 불이 나 네 명이 사망하고 124명이 부상당하는 대형 사고가 발생합니다.
화재가 난 아파트는 이명박 정부 시절 서민 주택난 해소를 위하여 여섯 차례에 걸쳐 규제를 완화한 도시형 생활 주택으로,
느슨한 규제를 틈타 건축비가 싼 공법을 적용하고 스프링클러 장착 의무도 면제받은 것으로 알려집니다.

옛다

인천의 한 어린이집에서 김치를 먹지 않는다는 이유로 보육 교사가 4세 어린이를 폭행한 사실이 CCTV 동영상을 통해 드러나
충격을 주고 있습니다. 동시에 다른 어린이집에서의 유사 사례가 줄줄이 제보되면서 아이를 열악한 상황의 어린이집에
맡길 수밖에 없는 맞벌이 부모들의 불안감이 커지고 있습니다. 아이들의 희생까지 따르는 노동자의 피눈물 위로
소수 재벌가의 번영과 갑질만이 눈부시게 빛나는 요즘입니다.

빈곤의 감옥

이완구 국무총리 후보자의 박사학위 논문 표절과 땅 투기 의혹이 커지는 가운데 한국보건사회연구원은
'2014년 한국복지패널 기초분석 보고서'를 통해 저소득층이 중산층이나 고소득층으로 이동하는 비율인 '빈곤 탈출률'이
22.6%로 역대 최저를 기록했다고 발표합니다. 계층간 사다리는 사라져가지만 고위층의 단골 의혹은 변함이 없습니다.

빈 주머니도 털어라

부동산 경기 부양을 위해 부동산 대출 규제 완화 조치를 시행해온 정부가 1%대 초저금리 주택 담보대출까지 강행하기로 합니다.
가계 부채가 1,000조 원을 넘어 위험수위에 이르고 있지만 부동산을 기반으로 형성된 대한민국의 기득권층을 위해
폭탄을 떠넘기는 형국입니다.

명박

출간 전부터 화제가 된 이명박 전 대통령의 회고록은 출간되자마자 베스트셀러에 오르지만, 솔직함과 자성은 없고 자화자찬과 남 탓만 가득하다는 평가를 받습니다. 자원 외교와 4대강 사업의 비리를 밝히라는 목소리가 커져가는 시점에서 나온 회고록이 이명박 전 대통령을 얼마나 방어해줄지 모를 일입니다.

간통죄

간통 행위를 2년 이하 징역에 처하도록 한 형법의 간통죄에 대해 헌법재판소는 국가가 법률로 간통을 처벌하는 것은 국민의 기본권을 침해하는 것이라는 판단으로 위헌을 선고합니다. 이에 따라 1953년 형법 제정과 함께 명문화된 간통죄는 오늘 헌재 결정으로 62년 만에 사라지게 됩니다.

한국의 종교

미국 국무부의 웬디 셔먼 정무차관이 '과거사는 한·중·일 3국 모두에게 책임이 있으니 빨리 정리하고 북핵 같은
당면 현안에 치중하자. 민족 감정은 악용될 수 있고 정치 지도자가 과거의 적을 비난해 값싼 박수를 받는 것은
어렵지 않은 일이다. 하지만 이런 도발은 발전을 가져오는 것이 아니라 마비를 가져온다'고 말합니다.
한국이 혈맹 미국에게 보내는 무조건적 사랑에 비해 미국이 드러낸 속내는 차갑기만 합니다.

행복

선물

동심

행복

2013년 한국 아동 종합실태조사 결과 한국 아동의 '삶의 만족도'는 100점 만점에 60.3점으로 나타납니다. OECD 회원국 가운데 최하위입니다. 유니세프의 어린이 · 청소년 행복지수를 모델로 측정한 아동 행복지수에서도 수년째 OECD 최하위를 기록하고 있습니다. 이 땅의 어린이들이 자신의 행복을 위한 인생을 살아가고 있는 것인지, 세습 재벌이 지배하는 무한 경쟁 체제에 충성하는 인간형으로 만들어지고 있는 것인지를 우리 어른들은 생각해볼 필요가 있습니다.

선물

푸르른 하늘과 함께 맞이하는 어린이날입니다. 학원 공부에 찌든 아이들은 모처럼 놀이공원에서 해방감을 맞이합니다. 맞벌이로 생활하는 대다수 한국의 어른들은 평소 함께 놀아주지 못하는 미안한 마음을 고가의 장난감으로 메꾸기도 합니다. 어린이날을 맞아 미래의 세대들에게 가장 필요한 선물이 무엇인지 생각해봅니다.

동심

한 초등학생의 시집이 어린이의 시라고는 믿기지 않을 수준의 잔혹성을 담았다는 논란이 일자 결국 출판사가 동시집을 전량 회수하여 폐기하기로 합니다. 이 어린이가 느끼는 한국 사회의 잔혹성이 더욱 커지는 것은 아닌지 걱정될 뿐입니다.

불똥

리퍼트 대사를 공격한 김기종 씨가 사전 참가 신청 없이 흉기를 들고 행사장에 입장한 것이 가능했던 데 대해

김영만 민화협 홍보위원장은 '행사장 관리 등이 통상적 절차로만 진행됐고 그 과정에서 불미스러운 일이 있었다'고 설명합니다.

이날 행사장 입구에는 흉기를 골라낼 금속 탐지기가 없었던 것으로 알려집니다.

한국 사회에 만연한 안전 불감증으로 인한 피해가 미국 대사에게까지 미치고 있습니다.

예배당 나라

리퍼트 대사가 피습을 당한 이후 일각의 반응은 우리 사회가 미국에 대해 종교적 맹신을 갖고 있음을 보여줍니다.
한미 동맹에 대해서는 어떠한 이견도 허락지 않는 신성불가침의 영역을 만들고, 여기에 속하지 않는 자들을
종북 분자로 낙인찍어 마녀사냥을 하니 말입니다. 중세 사회와 다를 바 없는 모습입니다.

다신교 시대

2014년 말 벌어진 한국수력원자력 내부 자료 유출 사건에 대해 개인정보범죄 정부합동수사단은
북한 해커 조직의 소행이라는 중간 수사 결과를 발표합니다. 과거 농협 전산망 마비 사태와
청와대, 방송사, 기업, 금융기관 등의 컴퓨터 마비 사태도 북한의 사이버 공격으로 결론지은 바 있습니다.
그야말로 북한을 어떠한 철벽 보안도 파괴하는 파괴의 신으로 모시고 있는 형국입니다.

통곡의 벽

'팔레스타인 국가는 없다'는 강경 발언을 쏟아낸 베냐민 네타냐후 총리가 이끄는 강경 보수 성향의 집권 리쿠드당이
이스라엘 총선에서 승리합니다. 중동 정세에 대한 세계의 근심이 커져가는데 예루살렘 통곡의 벽은 침묵을 지키고 있습니다.

중동에 가세요

박근혜 대통령은 '제2의 중동 붐'이 '제2의 한강의 기적'으로 이어질 것이라 확신한다며 청년 인력에게 중동 진출을 통한 취업난
해결 방안을 제시합니다. 1970년대 오일쇼크를 중동 붐으로 극복한 사례를 언급하며 '경제 재도약을 간절하게 기도하는 마음으로
염원하는데 그것에 대한 하늘의 응답이 지금 현실에서 벌어지는 중동 붐이라는 메시지'라고 강조합니다.
취업난으로 고통받는 청년들에게 희망적인 해결책을 제시하기보다 여전히 1970년대에 머물러 있는 대통령의 발언이
먹구름처럼 눈앞을 가립니다.

눈을 왜 그렇게 뜨고 봐?

2015년 4월 3일

홍준표 경남도지사가 '경남은 그동안 1조 3,500억 원에 달하는 부채를 얻어 부채로 부채를 갚는 빈곤의 악순환으로
재정을 운영해왔다'며 무상급식 중단 강행의 이유로 재정난을 내세웁니다. 정치인들의 선심성 행정에 대한 책임을
자라나는 아이들에게 지우는 격입니다. 탤런트 이태임과 가수 예원 사이에 벌어진 대화가 큰 파장을 일으키면서
이를 소재로 한 패러디 제작이 유행인데, 〈장도리〉에서도 유행에 동참을 해봤습니다.

유신(油辛)

세월호 참사가 일어난 지 1년이 지났지만 유가족을 포함한 우리 사회가 겪은 아픔은 여전히 깊습니다.
진상 규명을 보장할 수 없는 현재의 세월호 특별법 시행령을 다시 제정하고 세월호를 온전히 인양할 것을 촉구하는 시민들에게
최루액을 살포해 더 많은 눈물을 쏟게 하는 권력자들의 얼굴에는 여전히 기름기가 흐릅니다.

가만히 있지 않겠습니다

2015년 4월 20일

시민과 세월호 유가족 들이 세월호 참사 1주기를 맞아 서울시청 광장에서 추모 집회를 열었으나
그들을 맞이하는 국가의 모습은 줄줄이 늘어선 경찰 버스 차벽과 물대포였습니다.
1년 전 컨트롤타워의 부재로 세월호 참사를 막지 못한 것에 대한 사과를 표명해야 할 분은 여전히 부재중이시고,
대한민국의 인권과 민주주의는 캡사이신 최루액과 물대포 속으로 침몰중입니다.

정부가 잘하는 것

국세 수입이 전년 대비 증가세를 보이고 있습니다. 부동산 및 주식 거래 증가에 따른 양도소득세 및 증권거래세와 함께
담뱃값 인상에 따른 개별소비세 증가가 주요 요인으로 파악됩니다. 정부는 담뱃값을 갑당 2,000원씩 인상하면서
세수 증대가 아닌 금연 확대가 목표라고 밝혔지만 실제 금연 효과는 그리 높지 않음이 확인됩니다.
한 가지만 잘하면 된다는 생각인지, 서민층의 세금 걷는 데만 열의를 보이는 정부입니다.

참사

네팔에서 규모 7.8의 대지진과 수십 차례의 여진으로 수천 명의 사망자가 발생하는 대참사가 일어납니다.
열악한 건물 구조와 사회 기반 시설이 피해를 최악의 상황으로 몰아가고 있습니다.
한편 한국의 언론들은 중남미 4국에서 펼쳐진 순방 기간 동안 지속적인 심한 복통과 미열 등으로 몸이 편찮은 상태에서도
순방 성과를 거두기 위해 애쓰신 박근혜 대통령의 최고 존엄을 칭송해 마지않습니다.

굽은 한국

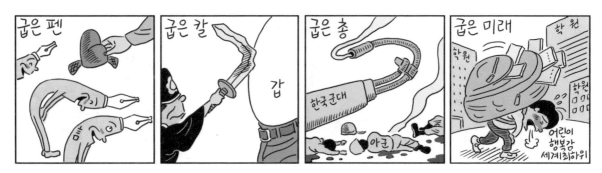

국제 구호단체 세이브더칠드런과 서울대 사회복지연구소가 공동으로 조사한 '아동의 행복감 국제 비교 연구' 결과,
한국 어린이의 '주관적 행복감'은 조사 대상인 12개국 중 최하위로 네팔, 에티오피아보다 낮은 수치인 것으로 나타납니다.
아이들의 행복을 위한다면서 등을 굽게 만드는 잔혹한 현실입니다.

갈등

문형표 보건복지부 장관이 국민연금 소득 대체율 50% 인상안을 세대 간 도적질이라고 언급하는 등
정부가 세대 갈등을 부채질하고 있는 모습입니다. 경제민주화가 이루어지지 않고 정부 정책 부재로 인한 부의 쏠림 현상으로
소수 상위 계층을 제외한 국민들의 삶이 힘들어지고 있는 원인을 세대 간 문제로 덮으려 하고 있습니다.

종북이다

2014년 12월 17일

양들의 침묵

2015년 1월 2일

나는 빨갱이가 싫어요

종북이다

수석비서관 회의에서 박근혜 대통령이 '몇 번의 북한 방문 경험이 있는 일부 인사들이 일부 편향된 경험을 북한의 실상인 양 왜곡·과장하면서 문제가 되고 있다'며 최근 논란이 되고 있는 재미 동포의 '종북 콘서트'에 대해 언급합니다.

정국을 뒤흔든 비선 실세 의혹 등으로 곤란을 겪고 있던 청와대의 시선 분산용 종북몰이라는 해석이 나오고 있습니다.

양들의 침묵

해가 바뀌었지만 서민들을 맞이하는 것은 멈추지 않는 전셋값과 두 배 가까이 오른 담뱃값입니다.

반면 재벌들은 사면과 고용 유연화 정책에 대한 기대감으로 새해를 반깁니다. 서민들은 대를 이어 허리띠를 졸라매며 재벌들의 대를 잇는 번영을 위해 희생하지만 돌아오는 것은 애국 시민이라는 훈장뿐입니다.

나는 빨갱이가 싫어요

내전중인 시리아에서 찍힌 한 장의 사진이 많은 사람의 가슴을 아프게 하고 있습니다. 시리아 난민 캠프에 살고 있는 한 소녀가 자신을 향한 카메라 망원렌즈를 총이라 생각하여 겁에 질린 표정으로 쏘지 말라고 하는 모습입니다. 전쟁은 사람의 생명을 앗아가고 살아남은 사람에게는 극복하기 힘든 상처를 남깁니다. 게다가 그 상처는 정치적으로 이용되면서 오랫동안 지속됩니다. 시리아 소녀의 사진을 보면서 동족상잔의 상처를 치유하지 못하고 오랜 세월 동안 매카시즘에 시달린 결과 정치적 선택 앞에서 공포심을 갖게 된 한국민들의 모습을 떠올립니다.

낙타 등

메르스 확산에 대한 정부의 한심한 대처가 국민들의 불신을 가중시키고 있습니다.

보건복지부는 페이스북 공식 페이지를 통하여 메르스를 예방하기 위해서는 낙타를 비롯한 동물과 접촉하지 말고,

익히지 않은 낙타 고기나 젖을 먹는 것도 삼가야 한다는 등 국내 상황에 맞지 않는 지침을 내리기도 합니다.

국내 첫 메르스 확진 환자가 나온 지 14일 만에 감염자 수가 30명으로 늘고 격리 대상자가 1,000명을 돌파했습니다.

정부의 위기관리 능력이 얼마나 부실한지가 재확인됩니다.

위기와 경사

메르스 공포가 전국을 뒤덮은 가운데 박근혜 대통령은 메르스로 인해 경제활동이 위축되면 자영업자를 비롯한 서민들의
경제적 사정이 더욱 어려워지지 않을까 염려된다며 '국민 여러분께서도 마음이 불안하겠지만 과민하게 반응해서
경제활동이 위축되지 않도록 협조해주기 바란다. 국민 모두가 합심해서 총력 대응해 나간다면 메르스를 빠른 시일 내에
종식시킬 수 있을 것'이라고 국민들의 협조를 당부합니다.

군웅할거

메르스 확산으로 노년층뿐 아니라 청소년과 중·장년층에서도 사망자가 발생해 국민들의 공포심이 커지고 있습니다.
통제되지 않는 대형 재벌 병원에서 감염자가 속출하고 정부는 속수무책인 상황에서 정부 대책에 반기를 든
지방자치단체장들의 적극 행보가 눈길을 끕니다. 위기 상황에서 대통령의 존재감은 희미해져만 갑니다.

데칼코마니

박근혜 대통령이 동대문시장을 방문해 상인들을 격려하고 서울대학교병원을 방문해 '살려야 한다'라고 적힌 종이가 붙은
벽면을 배경으로 간호사와 통화하는 등 메르스 사태를 극복하기 위해 노력 중임을 과시하고 있습니다.
재난에 제대로 대처하지 못하는 정부의 무능함을 어색한 연출의 텔레비전 화면으로 가리려는 시도가
세월호 이후에도 반복되고 있습니다.

쇼

박근혜 대통령이 가뭄 현장을 방문해 소방차의 소방 호스로 논에 물을 뿌리고 농민들을 격려하는 장면이
언론을 통해 뿌려집니다. 대통령이 물을 뿌리고 간 뒤에도 농민들의 가슴은 여전히 타들어갑니다.

위이이잉

정부가 교통 범칙금과 과태료를 대폭 걷은 데다 담뱃값을 인상함으로써 세수 증대 효과를 톡톡히 보고 있는 것으로 알려집니다. 마른 논을 골라 짜내는 힘이 대단한 정부입니다.

자다가 봉창

국정원 해킹 사건으로 정치권이 흔들리고 국민들이 분노하는 가운데 침묵을 지키고 있던 박근혜 대통령이 돌연
4대 구조 개혁을 강조합니다. 사모 펀드 규제를 완화하고 비정규직 기간을 늘리고 정규직 근로자의 해고를 쉽게 하는
등의 정책에 개혁이라는 이름을 달아 밀어붙이니 기업도 즐겁고 국정원도 안심입니다.

누구 때문

새누리당이 '노동시장 선진화 특위'를 설치하고 이인제 최고위원을 위원장으로 선임, 노동 개혁 본격화를 위한 시동을 겁니다.
정부 여당은 노동시장 유연성을 확보해 좋은 일자리를 늘린다며 결국 경제 위기의 원인을 노동자에게서 찾고 있습니다.

왕복 70년

광복 70년을 기념하는 행사가 곳곳에서 열리고, 대기업과 관공서는 저마다 대형 태극기를 내걸었지만
대한민국은 지금 독립을 위해 싸우다 희생한 선조들에게 부끄러운 길을 가고 있는 것은 아닌지 생각해봅니다.

반

박근혜 대통령이 지금까지 2년 6개월의 임기를 보내 임기 반환점을 돌게 됩니다.
비정상의 정상화와 법질서의 확립, 경제 살리기, 4대 국정 기조의 실현에 온갖 노력을 기울였다는
정부 여당 측의 자화자찬과는 달리 대다수 국민들은 인고의 세월을 지나오며 지친 표정입니다.

전쟁터

2015년 8월 26일

북한의 목함 지뢰 도발과 서부전선 포격으로 촉발된 남북 간 군사 충돌 위기를 해소하기 위한 무박 4일간의 협상이 극적으로 타결됩니다. 시민들은 전쟁의 두려움에서 벗어나 이제 일상적 전쟁터로 복귀합니다.

흑묘백묘

박근혜 대통령이 이념적 논란을 극복하고 중국 전승절에 참석해 균형 실리 외교를 펼친 것에 대해
긍정적 평가가 나오고 있습니다. 그러나 권력이 없는 대다수 국민은 잘못 균형 잡다가 종북 빨갱이로 몰려 다칩니다.

간절히 원하면

2015년 6월 2일

대통령을 지켜라

2015년 6월 11일

가만히 있으라

간절히 원하면

정부의 안이한 대처가 메르스 바이러스를 더욱 확산시켜 중동 이외의 국가 중 한국이 가장 많은 메르스 환자와 사망자 수를 기록하기에 이릅니다. 질병관리본부가 중동에 다녀온 최초 감염자의 메르스 검사 요청을 거부하고 감염자의 친인척이 정부 고위직이라는 주장에 뒤늦게 검사를 한 사실이 밝혀지기도 합니다.

대통령을 지켜라

취임 이후 네 번째로 버락 오바마 대통령과 한미 양자 정상회담을 준비 중이던 박근혜 대통령이 메르스 확산 속 방미에 대한 부정적 여론을 고려해 미국 방문을 전격 연기합니다. 박 대통령이 삼성서울병원을 방문했을 때 대통령을 영접한 의료진이 착용한 방호복은 마스크도 착용하지 않은 대통령을 바이러스로부터 지킵니다. 더욱 안전한 것은 메르스가 창궐중인 한국에서 온 사람을 만나지 않는 것이겠습니다.

가만히 있으라

정부가 메르스 관련 유언비어와 SNS 괴담에 대한 단속을 강조하자 경찰은 박근혜 대통령과 청와대 등 정부 비판적 내용을 중심으로 수사를 벌이고 있습니다. 늦장 대응과 투명하지 못한 대책으로 괴담과 유언비어는 더욱 힘을 얻는데 정부는 유언비어 처벌에만 열을 올립니다.

난민

익사한 채 터키 해안으로 밀려온 시리아 난민 알란 쿠르디의 처참한 사진이 SNS를 통해 전 세계의 시선을 집중시킵니다.
난민을 외면하는 국가들에 대한 부정적 여론이 세계적으로 확산되자 유럽 국가들은 난민 수용에 적극적인 자세를 취하고
세계적 부호들도 난민 문제 해결에 동참합니다. 한 장의 사진이 세상을 움직인 것입니다.
그러나 사진으로 담을 수 없는 처참한 현실들은 바뀔 줄 모르고 있습니다.

하사

청와대가 '박근혜 대통령은 다가오는 추석을 맞이해 부사관 이하 모든 국군 장병에게 격려 카드와 특별 간식을 하사할 예정'
이라면서 '이번 격려는 북한의 DMZ 지뢰 및 포격 도발 사건에 단호히 대응하는 등 군사 대비 태세 완비에 전념하고 있는
장병들의 노고와 국가와 국민을 위한 애국심과 충성심을 치하하는 뜻에서 마련됐다'고 밝힙니다.
네티즌들은 왕조시대를 연상케 하는 '하사'라는 용어에 거부감을 드러내며 시대착오적 행동을 일삼는 집권 세력을 성토합니다.

떨어져라

박근혜 대통령이 국무회의 석상에서 청년 일자리를 위한 펀드 조성을 지시하고 2,000만 원을 쾌척, 매달 월급의 20%를
기부하기로 한 후 정부와 정치권, 지방자치단체, 금융권을 중심으로 고위급 인사의 릴레이 기부가 이어지고 있습니다.
그러나 야당은 '청년희망펀드는 그 취지를 떠나 취업 대란에 대한 정부의 책임을 사회로 되돌린 것이라는 점에서
정부의 책임 방기'라며 '형태마저 과거 군사정권의 관제적 성금 모금과 유사한 형태로 변질되고 있어
매우 걱정스럽다'고 밝힙니다.

따로따로

국민 세금으로 국군 장병에게 추석 선물을 제공하면서 대통령의 하사품임을 강조하는 모습은
우리에게 매우 익숙한 광경입니다. 수많은 노동자의 피땀과 희생으로 경제 발전이 이루어졌건만
한국의 보수 기득권 세력은 오로지 박정희 독재 정권의 공임을 강조해왔습니다.

강산

장도리를 연재한지도 어느덧 20년의 세월이 흘렀습니다

20년이면 강산이 두번 바뀌는 시간이지요

어디 얼마나 바뀌었나

열심히 바꿨습니다

4대강

출연

1995년 시작된 장도리 만화엔 김영삼 대통령부터

김대중 대통령, 노무현 대통령

이명박 대통령을 거쳐 지금의 박근혜 대통령까지 대통령이 많이 등장 해왔습니다

출연료 없습니까? 소재도 많이 제공했는데

2장

한국지
– 한국판 《삼국지》, 그들만의 정치

그네 정치

청와대로부터 대통령 모독에 대한 경고가 나온 직후 검찰이 사이버 허위사실 유포 전담수사팀을 차리고 모독 행위 엄단에 나서 누리꾼을 긴장시킨 가운데 경찰이 정진우 노동당 부대표를 조사하면서 지인 3,000여 명의 카카오톡 대화 내용까지 사찰했다는 소식입니다. 서북청년단의 활약과 함께 구시대 독재정치의 망령이 민주주의의 공든 탑을 무너뜨리고 있습니다.

쪽~♥

세월호 참사 이후 대한민국의 고질적인 부패 구조를 청산하라는 요구에 대통령이 적폐 척결을 약속했지만
폐단은 낙하산을 타고 쌓여만 갑니다. 김성주 대한적십자사 총재, 곽성문 전 의원의 한국방송광고진흥공사 사장,
방송인 자니윤의 한국관광공사 상임감사, 백기승 전 청와대 비서관의 한국인터넷진흥원장 임명에 이어
인천국제공항공사 사장에 박완수 전 창원시장이 내정되는 등 친박 인사들에 대한 논공행상이 행해집니다.

모독

자리 비운 채 일정공개 안해도 되고

비선이 개입해도 되고

('문고리권력' 인사개입설)

자리에 오르면 지키겠다는 약속은 헌신짝

공약

국민이 선출한 대통령직을 모독

대통령

박근혜 정권에는 출범 직후부터 7인회, 만만회 등 비선 라인의 존재에 대한 소문이 끊임없이 뒤따랐습니다.
최근 이재수 전 국군기무사령관의 갑작스러운 경질을 두고서도 비선 조직 간의 암투라거나
박지만 라인에 대한 배려 차원이라는 등 온갖 의혹이 난무합니다. 대한민국 대통령직이 막후 실세에 의해 훼손당하고 있습니다.

어디 봅시다

박근혜 대통령 지시 이후 검찰이 네이버, 다음, SK커뮤니케이션즈, 카카오 등 민간 인터넷 업체 관계자들과 진행한
유관기관 대책회의 문건 내용이 공개돼 사이버 공안 통치 음모의 진상이 드러나고 있습니다.
전담수사팀과 포털사 간에 핫라인을 구축해 사회적 이슈가 되고 있는 유언비어, 명예훼손 범죄에 대한
실시간 정보와 관련 자료를 공유하고 법리 판단을 통해 포털사에 삭제 요청을 하겠다는 등
네티즌들의 입을 묶고 민주주의를 파괴하는 행위가 21세기 대한민국에서 자행되고 있습니다.

없애

군대 내 폭력 사고 등을 방지하기 위한 대책으로 육군이 이등병과 병장을 없애 병사 계급을 일병과 상병의 2단계로
줄이는 방안을 검토한다고 합니다. 폭력의 근본 원인을 파악하지 못한 채 표면적인 접근으로 엉뚱한 대책을 내놓는
육군의 모습에서 정권에 대한 비판의 근본 원인을 무시하고 SNS 소통의 장을 위축시키는 권력층의 행태를 떠올리게 됩니다.

타도

자칭 보수 단체라는 사람들이 25일 파주 임진각에서 북한 세습 독재 정권을 규탄하는 내용의 '삐라'를 북측으로 보내려다
주민과 시민 단체의 저지로 중단하는 사건이 일어납니다. 다음날인 26일 열린 박정희 전 대통령의 35주기 추도식에서는
5·16 쿠데타를 이순신 장군의 명량대첩에 비유하는 등 위대하신 어버이 장군님의 은혜에 대한 찬사가 넘쳐났습니다.
삐라는 같은 하늘 아래 뿌려지고 싶었습니다.

뭘?

세월호 참사 이후 6개월이 지났지만 해결된 것 없이 진상 규명은 표류하는 가운데
박근혜 대통령이 새해 예산안 시정 연설을 하면서 세월호를 한 차례도 언급하지 않아 국민들에게 실망감을 안깁니다.
유가족의 요구를 수용한 세월호 특별법과 안전 혁신 마스터플랜을 만들겠다며 눈물로 약속한 사실은
머릿속에서 지워버린 모양입니다.

추억

박근혜 대통령은 세월호 참사 이후 국가적 재난 안전 시스템을 총괄할 기구로 신설된 국민안전처 장관과 차관에 모두 군인 출신을 내정합니다. 박인용 국민안전처 장관 내정자는 해군 대장, 국민안전처 차관 내정자인 이성호 안전행정부 2차관은 3성 장군 출신입니다. 신임 방위사업청장에는 박 대통령과 서강대 전자공학과 동기 동창인 장명진 국방과학연구소 전문연구위원을 내정합니다.

이명박근

세수 부족과 복지 문제를 해결하기 위해서는 부자 감세 철회가 우선적으로 이루어져야 할 것입니다.

그러나 박근혜 정부는 대기업의 법인세 축소 등의 기득권층에 대한 과도한 혜택은 유지하면서 담뱃세 인상 등의 서민 증세에만 골몰하고 있습니다. 이명박 정권 시절부터 노골적으로 드러내고 있는 친부자 정책으로 그 뿌리가 같다는 것을 보여줍니다.

보고 또 보고

청와대 공직기강비서관실 감찰 보고서의 유출로 흑막에 가려진 현 정권의 비선 실세에 대한 실체가 조금씩 드러나는 가운데
보고서 내용의 중심인물인 정윤회 씨와 조응천 전 청와대 공직기강비서관이 언론 인터뷰를 통해
서로 폭로전까지 벌이고 있습니다. 이러한 일련의 양태들은 앞서 나왔던 정윤회 씨 측의 박지만 회장 미행 보도와 함께
정윤회 씨, 박지만 회장 간의 갈등이 문제였다는 해석에 힘을 실어줍니다.
21세기 대한민국에서 사극 속 궁중 암투가 재현되고 있습니다.

타워

정윤회 국정 개입 의혹 문건이 발각된 이후 그동안 풍문으로 돌았던 박근혜 정권의 음습한 비선 권력의 모습이 수면 위로 드러나고 있습니다. 지도자의 비밀주의와 무능은 필연적으로 십상시의 국정 농단과 같은 암세포를 키웁니다.

'찌라시'

박근혜 대통령이 '찌라시에나 나오는 이야기들에 나라 전체가 흔들린다는 것은 대한민국이 부끄러운 일이다',
'정윤회는 연락도 끊긴 사람이고 지만 부부는 청와대에 얼씬도 못하게 한다'며 청와대 문건 유출 이후 여러 곳에서 제기되는
비선 실세의 국정 농단과 권력 암투 의혹을 전면 부정하고 문건 정국을 돌파하겠다는 의지를 보입니다.
대통령의 의지로 파문을 잠재우기에는 너무나 많은 의혹이 터져 나와 있습니다.

환영합니다

따북

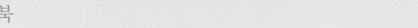

헷갈론

환영합니다

황병서 인민군 총정치국장과 최룡해 노동당 비서, 김양건 노동당 대남 담당 비서 등 북한의 최고위급 실세들이
10·4 선언 7주년인 지난 4일 한국을 깜짝 방문하여 아시안게임 폐막식에 참석합니다. 이들은 정홍원 총리와
김관진 국가안보실장 등 한국 정부 인사들로부터 환대를 받으며 남북 고위급 회담에 합의하는 등 남북 관계 진전에 대한
기대감을 갖게 하고 있습니다. 그러나 초등학생들이 북한 마라토너를 응원하기 위해 손수 그려온 인공기가 경찰에 적발돼
빼앗기는 등 권력과 먼 곳에서는 여전히 종북 척결의 칼바람이 계속되고 있습니다.

따북

국정원 댓글 공작은 선거 개입이 아니라는 법원의 판결과 헌재의 통진당 해산 결정에 이어 검찰이 정윤회 씨의 국정 농단
의혹 사건이 허위 사실 유포였다는 수사 결과를 발표합니다. 각하에 대한 전근대적 충성심이 하늘을 찌르고 북을 위협합니다.

헷갈론

지뢰 폭발 사건 발생 다음날 박근혜 대통령은 경원선 복원 기공식에 참석해 남북 화해를 강조하고, 통일부는 북측에
고위급 대화를 제안합니다. 뒤늦게 청와대는 북의 지뢰 도발에 대해 단호한 대응을 강조합니다. 메르스 사태에 이어
북한의 지뢰 도발 사건과 관련해서도 컨트롤타워의 혼선과 무능이 드러나고 있습니다.

개판

친박 핵심인 새누리당 홍문종 의원이 방송 인터뷰에서 '약간의 자살 소동으로 검찰 수사에 차질이 있겠지만,
제가 보기에는 전방위적인 압박 수사가 이뤄지고 있고, 검찰이 그 역할을 잘해내고 있는 것 아닌가 본다'며
최 경위의 자살을 비하하는 발언을 해 물의를 빚고 있습니다. 한편 박범계 의원이 공개한 유출 경위서라는 문건에는
'앞으로 유출될 문건에 박지만 문건보다 더 민감한 게 있다', '자료를 보니 청와대 개판이더라'와 같은 내용이 있는 것으로
밝혀집니다. 개판에서는 개소리가 인정받는 법입니다.

8 : 1

헌법재판소는 헌정사상 첫 정당 해산 심판에서 찬성 여덟 명, 반대 한 명이라는 압도적인 차이로 통합진보당 해산을 결정합니다.
헌재는 '통진당이 북한식 사회주의를 실현한다는 숨은 목적을 가지고 내란을 논의하는 회합을 개최하는 등의 활동을 한 것은
헌법상 민주적 기본 질서에 위배되고, 실질적 해악을 끼치는 구체적 위험성을 제거하기 위해서는 정당 해산 외에
다른 대안이 없다'고 밝힙니다. 민주적 질서와 공주적 질서가 헷갈리는 시절입니다.

붉은 기 휘날리며

통합진보당 해산 결정이 난 이후 여권의 종북 프레임 작업이 힘을 얻고 있습니다. 김무성 대표는 '정치권의 진보 세력들은 이제 낡은 종북 프레임에서 벗어나 건전 진보의 모습을 보여줄 때가 됐다'며 '집권만을 위해 통진당과 연대했던 새정치연합은 종북, 헌법 파괴를 일삼는 낡은 진보 세력들과 절연을 선언해야 한다'고 강조합니다.

쓰린 기억들

남북이 대치하는 비극적 현실은 무능력한 집단이 종북몰이라는 전가의 보도를 휘둘러 그들의 권력을 이어나갈 수 있게 합니다.
실체가 불분명한 종북 집단을 내세워 국가주의를 강화하고 국민과 비국민 프레임을 형성해 공포정치를 펴는 방식이
2014년에도 통하는 현실이 참담할 뿐입니다.

앵무검

검찰이 '종북 콘서트' 논란을 일으킨 민주노동당 부대변인 출신 황선 희망정치연구포럼 대표에 대해 국가보안법 위반 혐의로 구속영장을 청구하고, 미국 시민권자인 신은미 씨에 대해서는 기소유예 처분하여 법무부에 강제 출국을 요청합니다.

권력 앞 앵무새도 때때로 날카로운 발톱을 자랑합니다.

진격의 공주

박근혜 대통령이 취임 후 두 번째로 신년 기자회견을 엽니다만 민심과의 괴리감만 확인시켜 줄 뿐입니다.
비선 국정 농단 관련 의혹과 민정수석 항명 파동을 낳은 김기춘 비서실장과 문고리 권력 3인방의 해임 요구 등에 대해
콧방귀를 뀌는 처사가 신년의 국정 운영 역시 불통의 독주가 될 것을 예고합니다.

위기를 돌파하라

청와대가 민정 특보에 특수통 검사 출신인 이명재 전 검찰총장을 임명합니다.
또 노무현 전 대통령을 직접 조사했던 검사 출신의 우병우 민정비서관이 민정수석으로 승진합니다.
검찰총장과 법무부 장관을 지낸 김기춘 비서실장을 포함, 청와대에만 두 명의 검찰총장 출신이 포진되는 등
검사 출신들이 맹활약하게 됩니다. 무너지는 지지율과 임기 후반을 앞두고 돌파구를 찾는 모습입니다.

소통하겠습니다

소통 부재에 대한 지적을 받아온 박근혜 대통령이 수석비서관 회의 전 티타임을 갖고 회의 내용을 언론에 공개하는 등
소통 행보의 모습을 보입니다. 그러나 정윤회 문건 파동을 거치면서 쏟아져 나온 인적 쇄신 요구를 묵살하고
김기춘 비서실장과 문고리 3인방을 유임시킨 박 대통령이 10여 분간의 티타임으로 얼마나 이미지 쇄신에 성공할지는 의문입니다.

정치와 통치

박상옥 대법관 후보자가 전두환 정권 시절 박종철 고문치사 사건 수사를 은폐하고 조작한 담당 검사였던 것으로 드러납니다.
또한 법무부가 공안 수사 강화를 올해 중점 과제로 내세운 가운데 검찰은 서울 남부지검과 의정부지검에 공안부를 신설하고,
남부지검에는 이를 지휘하는 2차장 자리를 새로 만드는 등 공안 수사력을 강화한다는 소식입니다.
무너지는 지지율을 뒤로 하고 오로지 힘의 통치를 위한 칼날만 세우는 모습입니다.

2년

박근혜 대통령이 취임 두 돌을 맞습니다. 경제민주화를 약속하며 집권에 성공했으나 2년이 지난 지금
부의 편중과 자본 권력의 횡포는 심화되고 서민들의 삶은 더욱 팍팍해졌습니다.
재벌들에게는 풍요로운 시간이었고 서민들에게는 20년 같은 2년이었습니다.

같이 갑시다

마크 리퍼트 주한 미국 대사가 서울 세종문화회관에서 열린 민족화해협력범국민협의회 주최 조찬 강연에서
한미 군사훈련 중단을 주장하는 김기종 씨로부터 피습을 당합니다. 얼굴과 손에 중상을 입은 리퍼트 대사는
한미 관계에 변화가 없기를 바라는 의미에서 트위터에 한글로 '같이 갑시다'라고 해 우호적 여론을 이끌어냅니다.
반면 일부 언론과 정치권은 이 사건을 정략적으로 이용하려는 움직임을 보이고 있습니다.

먹방

이완구 국무총리의 부정부패 척결 선언과 함께 검찰이 포스코 비리 수사에 총력을 기울이고 있습니다.
MB 측근인 정준양 전 포스코 회장을 비롯해 검찰의 칼날이 전 정부 실세로 향합니다.
집권 3년 차에 돌입한 박근혜 정권이 방위 사업 비리와 해외 자원 개발 관련 범죄, 포스코 비리를 겨냥하면서
전 정권을 재물 삼아 국정의 동력을 확보하려는 모습입니다.

유훈 통치

아니꼬우세요?

저항은 안 돼

유훈 통치

한국과 미국 양국이 2015년 12월 1일 예정인 전시작전통제권 전환 시기를 재연기하기로 최종 합의합니다.
구체적 전환 시기를 정하지 않았으니 사실상 무기한 연기라는 지적과 함께 전작권 전환을 차질 없이 마무리하겠다는
박근혜 대통령의 공약이 지켜지지 않은 데 대해 비판 여론이 일고 있습니다.

아니꼬우세요?

대법원이 긴급조치는 위헌이라는 과거 판결을 뒤집고 피해자의 국가배상 청구권을 인정할 수 없다는 판결을 내려
파문이 일고 있습니다. 박정희 전 대통령이 긴급조치 9호를 발동한 것은 '고도의 정치적 행위'이고
대통령은 국민 전체에 대해 정치적 책임을 질 뿐 개개인의 법적 권리에 법적 의무를 지지 않는다는 것입니다.
대법원이 효도에 도움을 주고 있습니다.

저항은 안 돼

정부가 사실상 국사 교과서 국정 전환 방침을 결정하고 정부 여당 인사들의 국사 교과서 국정화 필요성에 대한 주장이
이어지고 있습니다. 저항과 투쟁의 민중 사관을 약화시키고 파시즘 통치를 정당화하는 역사관을 심어줌으로써
다수 노동자층의 저항을 무력화하고 소수 기득권층에 의한 지배 구조를 단단하게 만듭니다.

모호성

주한 미군의 고고도미사일방어체계(사드THAAD) 배치 추진과 중국이 주도하는 국제금융기구 아시아인프라투자은행(AIIB) 가입 문제가 박근혜 정부의 외교 역량을 시험하고 있습니다. 최대 동맹국인 미국과 최대 교역국인 중국의 패권 경쟁 사이에 놓인 한국 정부는 전략적 모호성을 내세우며 양국 사이에서 줄타기를 하고 있습니다만 국내 정치에서 보여준 모습으로 미루어 볼 때 전략적으로 선택한 모호성인지 원칙과 철학의 부재로 드러난 모호성인지 알 수 없는 노릇입니다.

가깝고도 먼 섬

국가 기념일로 지정된 4·3 희생자 추념식에 박근혜 대통령이 참석하지 않아 여론의 질타를 받고 있습니다.

박근혜 대통령에게는 비극적 역사 속에서 억울한 희생을 당한 국민들의 넋을 위로하는 일보다

독재자이면서 경제 발전을 이루었다는 평가를 받는 리콴유 싱가포르 전 총리를 조문하는 일이 더 중요했습니다.

배는 무겁게

정부가 내놓은 세월호 특별법 시행령으로는 성역 없는 진상 조사를 보장할 수 없다는 비판이 일고 있습니다.
정부의 시행령안은 특위의 독립성 훼손과 진상 규명 조사 인원 축소, 범위 제한 등의 문제점을 안고 있으며
세월호 참사에서 문제가 됐던 정부의 무능력한 대처 등을 밝히는 진상 조사에서 공무원 자신들이 스스로를 조사하게 되어
고양이에 생선 가게를 맡기는 격이 된다는 지적입니다.

이탈

이완구 국무총리를 비롯한 여권 실세들의 비리 의혹이 정국을 강타하고 있는 가운데
박근혜 대통령은 세월호 1주기 관련 현안 점검 회의에서 '이번 수사 과정에서 새로운 의혹이 제기됐는데 이 문제는
정치 개혁 차원에서 반드시 바로잡고 넘어가야 할 일'이라며 '부정부패에 책임이 있는 사람은 누구도 용납하지 않을 것이고,
국민도 그런 사람은 용서하지 않을 것'이라고 말합니다. 방귀 뀌신 분이 유체 이탈해 성내는 모양새입니다.

3,000만 원 수뢰 사건에 연루된 이완구 국무총리가 결국 사의를 표명합니다. 이로써 박근혜 정부가 출범한 이래
총리 두 명이 중도 사퇴하고, 총리 후보자 세 명이 낙마하는 등 헌정사상 초유의 총리 잔혹사가 이어지고 있습니다.
남미를 순방중인 박근혜 대통령은 현지에서 소식을 전해 받고 '이완구 국무총리의 사의 표명에 대해 보고받았다. 매우 안타깝고,
총리의 고뇌를 느낀다. 이 일로 국정이 흔들리지 않게 내각과 비서실은 업무에 철저히 임해주길 바란다'고 밝힙니다.
무한 반복되는 인사 실패와 유체 이탈 화법입니다.

시차 적응은 힘들어

중남미 4개국을 순방한 박근혜 대통령이 순방 기간 기침과 복통, 고열에 시달리면서도 주사와 링거를 맞으며
순방 일정을 무사히 소화했다는 소식입니다. 민경욱 청와대 대변인은 '대통령은 순방 기간 중 편도선이 붓고
복통과 고열에 시달려 매일 주사와 링거를 맞고 강행군을 했다'고 밝힙니다.
해외에서 힘을 모조리 쓴 탓인지 국내 현안에 대해서는 너무나 무기력하고 무능한 모습입니다.

나는 누구인가

박근혜 대통령이 재·보선을 하루 앞두고 청와대 홍보수석을 통해 대국민 메시지를 발표합니다.
성완종 리스트에 핵심 측근들이 연루된 것에 대한 사과 없이 이완구 총리의 사퇴 건에 대해
국정 공백 최소화를 위해서 받아들였고, 참여정부 시절의 성완종 씨 사면을 거론하며 잘못된 사면이
성완종 전 회장이 로비할 수 있는 계기를 만들어줬다는 식의 주장을 폅니다.
유체 이탈 화법과 노골적인 선거 개입, 적반하장의 경지가 높아졌다는 평가가 나오고 있습니다.

됐수다

4·29 재·보궐선거 결과, 4:0으로 새누리당이 압승을 거두고 새정치민주연합은 참패합니다. 박근혜 정부의 인사 참사와
성완종 비리 파문 등 각종 악재에도 선거 압승을 거둔 새누리당은 향후 정국의 주도권을 장악할 것으로 기대하고 있습니다.
이승만·박정희 전 대통령 묘소 참배, 천안함 폭침 인정 등 보수층 확보에 공을 들인 문재인 대표는 다시 정치적 위기에 처합니다.

선거와 정치

2015년 5월 4일

노동절에 개최된 416연대 주최의 세월호 특별법 시행령안 즉각 폐기 등을 촉구하는 '1박 2일 범국민 철야 행동'에서
청와대 방향으로 행진을 시도한 참가자들에게 경찰이 살수차를 동원, 최루 물질을 섞은 물대포를 사용해 비난을 받고 있습니다.
화장실 들어갈 때 다르고 재·보선 끝난 후가 다릅니다.

이다노문

성완종 전 경남기업 회장이 노무현 정부 시절 두 차례에 걸쳐 특별사면을 받은 것과 관련해 박근혜 대통령은
'과거로부터 내려온 사면에 대해 우려의 목소리가 높은데 더 이상 납득할 수 없는 사면이 발생하지 않도록
특별사면 제도를 개선하는 방안이 필요한 시점'이라며 성완종 비리의 책임을 노무현 전 대통령에게 돌리는 뉘앙스의 발언을 해
빈축을 사고 있습니다. 종북 칠하기 아니면 뭐든 노무현 탓이라는 주문을 만능이라 여기는 듯합니다.

북한이 함대함 미사일 세 발을 동해에 발사하고 〈로동신문〉을 통해 김정은 위원장이 참관한 가운데
전략 잠수함의 탄도탄 수중 시험 발사에 성공했다고 보도하는 등 군사적 위협을 가하고 있습니다. 이에 대해 박근혜 대통령은
청와대에서 외교안보 장관회의를 소집해 북한의 잠수함 발사 탄도미사일(SLBM) 사출 시험 등을 논의하고 군사 대비 태세 강화와
도발 시 단호한 응징을 지시합니다. 그 어느 때보다 북에 대해서만큼은 매우 신속하고 강력한 대응을 보여줍니다.

남북의 무기

국가정보원은 북한 내 군 서열 2위인 현영철 인민무력부장이 반역죄를 저질러 고사포로 공개 처형됐다는 첩보를 입수했다고 밝힙니다. 국정원 관계자는 '김정은은 회의석 상에서 조는 것에 대해 상당히 민감하게 반응하고 처벌한다'면서 '김정은이 연설하는데 눈을 내리까니까 오해받을 소지가 있고 조는 것은 용납할 수 없었을 것'이라고 밝힙니다.
북한의 불충한 자는 고사포로 처형되고 남쪽의 불순 세력들에게는 레이저로 낙인이 새겨집니다.

까불지 마라

2014년 11월 24일

MB 회고록

2015년 1월 30일

콘크리트와 제물

까불지 마라

이명박 정권 때 100조 원에 달하는 국민 세금을 날린 4대강 사업과 자원 외교, 방위 사업 등 이른바 '4자방' 비리에 대한 분노 여론이 거센 가운데 야당은 국정조사를 추진 중이고 여당 일부에서도 국정조사를 수용하자는 의견이 나오는 등 이명박 정권 세력들에게 먹구름이 드리웁니다. 이러한 시점에서 이명박 전 대통령은 재임 중 비화를 포함한 자서전을 집필 중이라고 선포해 약점 많은 현 정권을 긴장시킵니다.

MB 회고록

이명박 전 대통령이 재임 중의 기록을 담은 회고록을 출간하지만 그 내용이 '금융 위기가 닥쳤을 때 신속히 4대강 사업을 시행해 위기를 빨리 극복할 수 있었다'는 등 자신에게 불리한 사실에 대한 왜곡과 회피, 자화자찬으로 가득한 것으로 알려져 지탄을 받고 있습니다. 재임 중 보여줬던 유체 이탈과 뻔뻔스러움이 녹슬지 않았음을 과시합니다.

콘크리트와 제물

수많은 악재 속에서도 고공 행진을 이어가던 박근혜 대통령의 지지율이 더 이상 버티지 못하고 무너지는 중입니다. 여론조사에서 3주 연속 하락을 이어가며 지지율이 20%대까지 떨어져 이른바 콘크리트 지지층으로 불리던 고정 지지층마저 등을 돌리고 있는 것으로 보입니다. 무너져 내리는 콘크리트 위에 이명박 전 대통령의 회고록이 설상가상으로 뿌려지고 있습니다.

노무현 전 대통령의 아들 노건호 씨가 노 전 대통령 6주기 추도식에 참석한 김무성 새누리당 대표를 비판하는 내용의
추도사를 해 논란을 불러일으킵니다. 노건호 씨의 발언에 대해 자식으로서 그런 발언을 할 만하다는 반응이 있는 반면
추도식에 참석한 손님에 대한 예의가 아니라는 비판이 나오고 있습니다.

그냥 웃지요

미·일 방위협력지침 개정 이후 일본 고위 관리들이 한국의 사전 동의 없이 북한 기지를 공격할 가능성이 있다는 발언을
내놓고 있습니다. 그러나 한·미·일 국방장관 회담에서는 한·미·일 3국의 긴밀한 대북 공조 체제를 강조하고
북한의 도발 중단을 촉구합니다. 구한말의 국제 정세를 방불케 하는 미·중·일의 숨 가쁜 움직임 속에서
한국 정부는 오로지 한·미·일 공조를 통한 북핵 방지만을 노래합니다.

국회의 정부 시행령 수정 권한을 강화한 국회법 개정안에 대해 박근혜 대통령이 거부권 행사를 시사함으로써
청와대의 입법권 침해 논란과 함께 당,청 간 갈등이 불거집니다. 이 때문인지 메르스가 급속히 확산되고 있음에도 불구하고
대통령은 첫 확진 환자가 발생한 지 보름이나 지나서야 비상대책회의를 열어 원론적인 발언만을 반복합니다.

대전은요?

메르스 확산에 대한 정부의 무능한 대처로 박근혜 대통령과 새누리당, 김무성 대표의 지지율이 모두 하락하는 한편
메르스 대응책을 둘러싸고 정부와 마찰을 빚었던 박원순 서울시장의 지지율이 급등하고 있습니다.
박 시장이 예정된 유럽 출장까지 취소하면서 메르스 대책본부장으로서 시민의 안전을 지키겠다고 공언하자
청와대와 보건 당국은 박 시장의 행보를 불편한 눈으로 바라보고 있습니다.

지자체는 가만히 있어라

박원순 서울시장이 메르스 관련 허위 사실 유포 혐의로 의료혁신투쟁위원회에 고소되고 검찰은 즉각 수사에 착수합니다.
박 시장은 기자회견에서 '메르스 확진 판정을 받은 의사 A씨가 의심 증상이 나타났는데도 시민 1,500여 명 이상과 직·간접
접촉했다'고 밝혔으나 A씨가 의심 증상이 시작된 시기 등의 사실관계가 다르다며 박 시장의 기자회견 내용을 반박하면서
논란이 불거졌습니다. 정권의 눈에는 메르스의 확산보다 박 시장의 지지도 상승이 더 무섭습니다.

빈병

메르스에 감염된 4차 확진자가 속출하고 지역사회로의 전파가 우려되지만 보건 당국은 조만간 진정 국면에 접어들 것이라는
말만 되풀이하고 대통령은 시장과 병원을 방문해 이미지 연출을 통한 지지율 방어에만 고심하는 모습입니다.
대책 없는 정부가 주는 공포심이 나날이 커져갑니다.

알고 보면

사상 첫 여성 대통령이라는 수식어와 고운 한복으로 따뜻한 어머니의 이미지를 만든 박근혜 대통령의 본모습이 종종 드러납니다. 그럼에도 불구하고 오랜 세월 언론에 의해 만들어진 박정희 전 대통령의 긍정적 이미지가 박 대통령의 지지율 붕괴를 막아내고 있습니다.

모르면 배워라

기업인의 범죄에 대해 사면권 행사를 엄격히 제한한다는 대선 공약과 함께 '성완종 씨에 대한 사면은 법치의 훼손이며
나라 경제도 어지럽히면서 있어서는 안 될 일들이 일어나는 계기를 만들었다'고 참여정부를 맹비난한 바 있는 박근혜 대통령이
국가 발전과 국민 대통합을 내세우며 광복절 특별사면에 대한 의지를 밝힙니다.
자신에 대한 끊임없는 배신행위를 보여주고 있습니다.

기승전번

기막힌 사건 드러나

정치공작 조작 해킹

승부에 대한 의혹 커지고

선거 1

전 말을 밝히라는 요구 거세지면

번 개탄

사건 끝

국정원 해킹 사건이 파문을 일으키고 있는 가운데 국정원 직원이 선거에 대한 사찰은 전혀 없었으며
오해를 일으킬 자료를 삭제했다는 유서를 남기고 마티즈 승용차 안에서 번개탄을 피워 숨진 채 발견됩니다.
서울시 공무원 간첩 조작 사건이 터졌을 때는 국정원 과장이 번개탄으로 자살을 시도한 후 단기 기억상실증에 걸려
수사가 졸속 마무리된 바 있습니다. 국정원 의혹이 번개탄의 연기와 함께 사라집니다.

지록위마

국가정보원 해킹 실무자였던 임 모 과장의 자살이 여러 의혹을 불러일으키고 있습니다.

임 과장이 숨진 채 발견된 빨간색 마티즈 차량의 번호판은 녹색인데 CCTV 속 차량의 번호판은 흰색인 것에 대해 경찰은
빛 반사 각도에 따른 착시현상이라고 해명하지만 여론은 사슴을 말이라고 주장한다는 반응입니다.

군대와 청와대

롯데그룹 총수 일가의 경영권 분쟁을 통해 더욱 강조되고 있는 재벌 지배 구조 개혁의 필요성과
국가정보원 해킹 의혹에 대한 해명과 사과에 국민들의 관심이 집중되는 가운데 박근혜 대통령이 대국민 담화를 열지만
노동 개혁 등 4대 개혁에 대한 필요성을 강조하는 일방적 훈시만을 하고 끝냅니다.
어떠한 질문도 허용되지 않으니 군대보다 못한 청와대입니다.

도발이 있으나

목함 지뢰 폭발 사고에 대한 군과 정부의 부실 대처로 총체적 안보 부실 상태가 드러나고 있습니다.
국방에 전념해야 할 군 당국이 정권 안보에 힘을 쏟고 있으니 안보가 부실해지는 것은 필연적인 현상입니다.

십상시

한국지

그들의 왕조

십상시

고 최태민 목사의 사위 정윤회 씨가 박근혜 정권의 비선 실세로 불리는 이재만 총무비서관, 정호성 제1부속비서관, 안봉근 제2부속비서관을 비롯한 청와대 내부 인사 여섯 명, 정치권에서 활동하는 청와대 외부 인사 네 명 등과 규합해 김기춘 비서실장을 몰아내려 한다는 내용의 청와대 공직기강비서관실 감찰 보고서가 드러나 파문이 확산되고 있습니다. 보고서는 이들을 중국 후한 말 환관 '십상시'로 지칭해 국민들의 허탈한 시선을 끌고 있습니다.

한국지

힘 있는 자들의 가혹한 수탈에 힘없는 백성들은 신음합니다. 부패한 세력은 백성을 죽음으로까지 몰아넣고 있는데 구중궁궐에서는 십상시의 권력 암투로 불꽃이 튈 뿐입니다. 《삼국지》의 이야기가 아닙니다.

그들의 왕조

노사정위원회가 노동시장 구조 개선의 원칙과 방향에 합의합니다. 이에 대해 민주노총을 비롯한 노동계는 노사정 합의가 노동시장 구조 개악이라며 반발합니다. 민주노총은 "일부 노동계와 사용자, 정부 측이 합의한 '노동시장 구조 개선의 원칙과 방향'에는 정부가 일방적으로 발표한 노동 유연성 제고 방안 강행을 위한 정치적 명분과 발판을 제공하는 것 이상의 의미를 부여할 수 없다"고 주장합니다.

박근혜 정부 출범 당시인 2013년부터 2014년까지 벌금, 몰수금, 과태료, 추징금 등의 명목으로 징수한 금액이
6조 1,112억 원에 달한 것으로 드러납니다. 징벌적 과세 징수액은 2013년에 2조 8,601억 원을 기록한 데 이어
2014년에는 3조 2,511억 원으로 1년 만에 3,910억 원이 증가하였습니다. 세수 부족 사태와 비례해 징벌적 과세는 늘고 있습니다.
물론 징벌을 받는 것은 대부분 힘없는 서민입니다.

줄

박근혜 대통령의 중국 항일 전쟁 및 세계 반파시스트 전쟁 승리(전승절) 기념행사 참석 소식이 주목을 받고 있습니다.
미·중 패권 경쟁 구도 속에서 미국 쪽에 기운 외교로부터 탈피하여 새로운 균형 외교를 펼칠 것에 대한 기대가 나오고 있습니다.

총선을 앞두고

박근혜 대통령이 대구광역시 업무 보고에 참석하면서 대구 지역 국회의원 열두 명 중 한 명도 초청하지 않아
유승민 전 새누리당 원내대표를 포함하여 대구 지역 국회의원의 대대적인 물갈이 설이 돌고 있습니다.
배신의 결과가 무엇인지를 보여주는 냉정한 정치판의 모습입니다.

국뽕

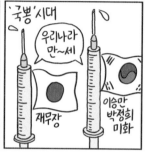

일본이 집단 자위권을 행사할 수 있도록 안보 법률을 개정함으로써 전쟁 가능 국가로 바뀜에 따라 한반도 유사시에
일본 자위대의 역할 범위에 대한 우려가 커지고 있습니다. 일본의 우익 정치권이 재무장을 통해 국가주의를 강화하는 한편
한국의 우익 정치권은 혈맹에 대한 신의, 이승만과 박정희의 재평가를 통해 국가주의를 강화하고 있습니다.

시대   마감

3장

갑질 공화국
– 헬조선에 부는 갑질 열풍

어떤 유서

전셋집에 혼자 살던 60대 노인이 퇴거 요청을 받은 후 스스로 목숨을 끊었습니다.

방에서 발견된 봉투에는 '고맙습니다. 국밥이나 한 그릇 하시죠. 개의치 마시고'라는 글과

1만 원짜리 열 장이 들어 있었는데, 자신의 시신을 수습하러 오는 사람들을 생각해 남긴 것으로 여겨집니다.

노인은 국밥 값이 든 봉투와 함께 장례비 100여만 원, 전기 요금과 수도 요금이 든 봉투도 남겨놓았습니다.

배려심을 갖고 정직하게 살아가는 사람들이 견디기 힘든 사회라는 것이 단적으로 드러난 사건입니다.

3세 왕국

이재용 삼성전자 부회장이 신주인수권부사채 헐값 인수와 유상증자 참여 등으로 103억 원을 투자한 삼성SDS 주식이
상장 첫날 평가액 2조 8,500억 원을 기록함으로써 10년 만에 투자액의 280배 가까운 차익을 얻게 된 이 부회장이
3세 주식 부호 1위에 오릅니다. 이로써 경영권 승계에 필요한 상속세 자금을 마련하게 되어
이승엽 홈런 소식에 눈을 뜨는 등 공식적으로 회복 중에 있는 이건희 회장의 삼성공화국 왕위 승계 작업이 순조롭게 진행됩니다.
그러나 이 부회장이 추진했던 e삼성의 실패 등은 사업 역량에 대한 불안한 시선을 낳습니다.

법이 사는 법

2009년 불법 신주인수권부사채 발행과 관련하여 이건희 회장 등이 배임과 조세 포탈 등으로 유죄 판결을 받은 바 있지만
이를 저가로 사들인 삼성가 자녀들은 삼성SDS 상장으로 수조 원의 시세차익을 거둡니다.
강자에게 공손하고 약자에게 엄하게 군림하는 태도, 대한민국의 법이 사는 법입니다.

정경유착

관피아 등 정경유착에 대한 폐해를 없애겠다고 만든 인사혁신처의 수장으로 삼성전자 인사팀장 출신의
이근면 삼성광통신 경영고문이 내정됩니다. 정경유착을 넘어 정경 융합의 시대를 개척해 나아가고 있습니다.

여성 대통령 시대의 여성

경찰의 성매매 단속 과정에서 손님으로 위장한 경찰관에게 현장에서 적발된 성매매 여성이 모텔 6층에서 뛰어내려 숨지는
사건이 발생합니다. 이에 '성매매 문제 해결을 위한 전국연대' 등 여성 5개 단체가 경찰서를 방문해 성 구매자 중심이 아닌
여성을 표적으로 한 함정수사 방식에 이의를 제기하는 한편, 한 여성을 죽음으로 내몬 현실을 규탄합니다.
여성 대통령을 배출한 대한민국에서 살아가는 여성의 현실은 아직 어둡기만 합니다.

어디로 갈까요

최경환 기획재정부 장관이 정규직 과보호 때문에 기업이 겁이 나서 정규직을 뽑지 못하고 비정규직이 양산되는 현실에 대해 개혁이 필요하다는 주장을 폅니다. 게다가 박근혜 대통령은 '정규직과 비정규직 간 임금 격차, 노동시장의 경직성, 일부 대기업 노조의 이기주의 등은 노사 간, 노노 간 갈등을 일으켜서 사회 통합을 가로막는 대표적인 장애물'이라는 입장을 밝힙니다.
대선 때 꽃을 들고 노동운동의 상징인 전태일 동상을 찾아갔던 모습과 상반된 반노동 친재벌의 모습입니다.
정윤회 사태로 청와대가 위기의 수렁에 빠져들어 갈지라도 재벌을 위한 업무는 등한시할 수 없습니다.

시대착오

조현아 대한항공 부사장의 '땅콩 회항' 사건 이후 대한항공 측의 부적절한 대응 방식이 분노한 여론에 기름을 붓고 있습니다.
대한항공은 사건 직후 사태의 원인을 승무원이 매뉴얼을 숙지하지 못한 탓으로 돌리는 내용의 사과문을 발표하고
조현아 부사장은 부사장 직함과 등기 이사 지위는 그대로 유지한 채 보직에서 사퇴한다고 알립니다.
고귀하신 재벌 가문의 오만함이 하늘을 찌르는 시대에 살고 있습니다.

권력은 짧다

박근혜 정권의 비선 실세로 국정 개입의 의혹을 받고 있는 정윤회 씨가 〈세계일보〉 관련 보도로 인한 명예훼손 사건의
고소인 신분이자 문화체육관광부 인사 개입 의혹과 관련해 새정치민주연합이 정 씨를 고발한 사건의 피고발인 신분으로
검찰에 출두해 언론에 모습을 드러냅니다.
정 씨는 중앙지검 청사 앞에서 취재진에게 '국정 개입 의혹은 사실이 아니기 때문에 고소를 했다. 이런 엄청난 불장난을 누가
했는지, 그 불장난에 춤춘 사람들이 누군지 다 밝혀지리라 생각한다'면서 기세등등한 자세로 공격적인 발언을 합니다.
마치 비선 실세의 위력을 과시하는 듯한 모습입니다.

돌리는 힘

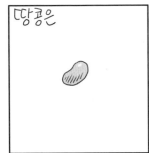

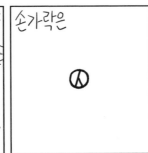

경제민주화로 나아가려는 국민들의 열망은 무참히 부서지고 갈수록 강대해지는 재벌의 오만함이 하늘을 찌릅니다.

극우 테러 조직들은 제 세상을 만난 듯 곳곳에서 날뛰고 구중궁궐의 십상시들은 넘치는 힘을 권력 다툼에 쓰고 있습니다.

순간의 선택이 나라를 과거의 블랙홀로 리턴시키고 있습니다.

땅콩 리턴

조현아 대한항공 부사장이 승무원의 기내 서비스를 문제 삼아 이륙 중인 항공기를 돌려세운 '땅콩 리턴' 갑질 사건이
전 국민의 비난을 받고 있습니다. 인터넷에는 땅콩 공주를 주인공으로 하는 각종 패러디가 난무하고
정치권과 언론에서도 재벌의 모럴해저드를 비판하고 있습니다.
그러나 재벌을 이처럼 오만하게 만든 정치권과 언론도 이번 기회에 자신을 돌아봐야 하겠습니다.

수술 중 파티

강남의 한 성형외과 병원 수술실에서 의료진이 환자를 둔 채 생일 파티를 하고 장난을 치는 모습의 사진이 SNS에 확산되어
비난이 쇄도하자 당국이 조사에 나섭니다. 피 흘리며 고통 겪는 사람 곁에서 열리는 파티는 한국 사회에서 이미 익숙한 일입니다.

애꿎은 희생

경기 의정부의 아파트 화재로 130명의 사상자와 300명의 이재민이 발생합니다.
화재가 난 아파트는 이명박 정권 시절 전월세 대책인 도시형 생활 주택 건축 장려 사업으로 지어져
대부분 20, 30대 직장인과 학생 들이 거주하는 원룸 임대 건물이었습니다. 아파트 공급 증가를 위해
건물 간격에 대한 규제를 대폭 완화한 것이 화재 피해를 키운 원인으로 지목되고 있습니다.
세월호 참사 이후에도 탐욕 자본에 의한 애꿎은 희생은 변함없이 이어지고 있습니다.

나가!

공주님, 황태자님

올해의 사자성어

나가!
대한항공 오너 3세인 조현아 부사장이 미국 뉴욕 존 F. 케네디 국제공항발 인천행 비행기에서 승무원이 땅콩을 접시에
담아주지 않았다는 이유로 비행기를 회항시키고 사무장을 쫓아내 국제적으로 파문이 확산됩니다.
한국 재벌들의 슈퍼 갑질이 세계적으로 손가락질을 받고 있습니다.

공주님, 황태자님
재벌 2세와 3세들의 '막가파'식 행태는 어제오늘 일이 아닙니다. 아들이 당한 폭행에 대해 깡패들을 동원하여
보복 폭행을 가한 한화 김승연 회장, 고용 승계 문제로 시위를 벌인 탱크로리 기사를 야구방망이로 때린 뒤 맷값으로
2,000만 원을 건넨 SK 총수 일가의 최철원 M&M 전 대표, 여객기 1등석에서 마카다미아넛을 접시에 담아주지 않았다는
이유로 난동을 부리며 비행기를 회항시키고 승무원을 쫓아낸 대한항공 조현아 부사장 등 이들은 안하무인 격 행동들로
물의를 일으켰어도 재벌에 대한 법의 관대함 덕에 콧대를 더욱 높여갈 수 있었습니다.

올해의 사자성어
〈교수신문〉이 2014년을 특징짓는 올해의 사자성어로 '지록위마(指鹿爲馬)'를 선정합니다. 진시황 사망 후 환관 조고가 시황의
후궁 소생인 호해를 황제로 옹립하고 권세를 휘두를 때 사슴을 가리켜 말이라고 하며, 이에 동의하지 않는 사람들을 죽인 데서
유래한 말입니다. 고대 중국에서 악명을 떨치던 권력자들의 행태는 21세기에도 흔히 보입니다.

힘줘서

해마다 연초에 연말정산을 통해 더 낸 세금을 돌려받아 오던 직장인들이 올해부터 세액공제로 전환된 세법으로 인해
환급액이 줄거나 오히려 세금을 더 토해내게 되어 불만을 터뜨리고 있습니다. 기업이 내는 법인세는 이명박 정부 이래
감세 혜택을 누리고 있는데 증세 없는 복지를 외치던 박근혜 정부는 담뱃값 인상에 연말정산 폭탄까지,
모든 것을 서민에게 떠안기고 있습니다.

NO

정부가 카지노 복합 리조트를 현재 추진 중인 영종도와 제주 외 두 곳에 더 지을 계획이며 하반기에 사업자를 선정하고
내년에 착공할 수 있다고 밝힙니다. 그런데 카지노 복합 리조트 사업자 선정 시 '최대 주주는 지분 51%를 갖는 외국인이어야
한다'는 제한을 없애겠다고 하여 1조 원 규모의 투자 규모를 감당할 수 있는 재벌 기업들의 카지노 산업 참여 기회를
열어주게 됩니다. 정은보 기획재정부 차관보는 '삼성, 현대 등 국내 대기업을 포함해 누구든지 공정한 경쟁을 통해
복합 리조트 사업에 참여할 수 있다'고 밝힘으로써 이러한 사업이 재벌에 대한 특혜임을 드러냅니다.

전쟁과 평화

2015년 1월 23일

4대강, 자원외교 국고낭비 및 비리관련자 처단하고‥

재벌에 세금폭탄, 법인세 올리면‥

봉급자들도 복지에 필요한 세금인상에 동의할텐데‥

누가 뭘 처단하고 폭탄 던져 내란선동하나? 연말정산 적당히 소급환급해주면 평화롭게 마무리될 일을‥

재벌왕국

연말정산에 분노한 민심에 밀린 정부와 여당이 결국 세법을 개정해 소급 환급을 추진합니다.
복지 정책을 위한 증세 논의는 덮은 채 재벌과 부유층에게 유리한 조세 체제를 유지하려 합니다.

천민자본주의의 희생자들

"할 만큼 했는데 지쳤습니다. 내가 죽더라도 언니는 좋은 보호시설에 보내주세요. 장기는 다 기증하고 빌라 보증금(500만 원)도
사회에 환원하길 바랍니다." 밤낮으로 아르바이트를 하며 지적장애 1급인 언니를 홀로 돌봐온 20대 여성이 수차례에 걸쳐
동반 자살을 시도하다 결국 스스로 목숨을 끊었습니다. 생활고에 의한 자살이라는 사회적 타살은 끊이지 않지만
특권층만을 위한 설국열차는 천민자본주의의 레일 위를 폭주하고 있습니다.

티타임

세월호 참사 구조 과정의 문제점을 다룬 다큐멘터리 〈다이빙벨〉 상영을 문제 삼아 부산시가 이용관 부산국제영화제 집행위원장에 대해 사퇴 압박을 가한 데 이어 영화진흥위가 영화제 상영작에 대한 등급 분류 면제 추천 제도를 개정하겠다고 나섭니다. 영화제 출품작에 대해서는 극장 상영에 앞서 거쳐야 하는 등급 분류를 면제해주고 있는데, 이를 제한해 검열을 하겠다는 의도로 보여 영화계에 큰 충격을 주고 있습니다. 한편 박근혜 대통령은 소통 강화 차원으로 마련한 국무위원들과의 티타임에서 골프 활성화에 대한 방안 마련을 지시해 서민들을 더욱 허탈하게 만듭니다.

국수 경제

박근혜 대통령이 수석비서관 회의를 주재한 자리에서 '우리 경제를 생각하면 저는 좀 불쌍하다는 생각도 든다.
지난번 부동산 3법도 작년에 어렵게 통과가 됐는데 그것을 비유로 하자면 아주 퉁퉁 불어 터진 국수'라며
'터진 국수론'을 설파합니다. 정작 한국 경제의 심각하게 불어 터진 국수는 외면하고 있습니다.

대보름에 환한 보름달은 떴지만 많은 국민들의 표정은 어둡기만 합니다.
취업난에 고통받는 청년, 힘 있는 자들의 갑질에 신음하는 수많은 노동자가 보름달처럼 환하게 웃을 수 있는 날을 꿈꾸어 봅니다.

리콴유 타계

'싱가포르의 국부', '가부장적 독재자'라는 평가를 받았던 리콴유 전 싱가포르 총리가 91세로 타계합니다.
한국의 보수 언론은 그에 대한 칭송을 이어나가고 박근혜 대통령은 박정희 전 대통령과의 인연을 강조하며
국장에 참석하기로 합니다. '아시아적 가치'를 내세우며 독재정치를 펼친 리콴유 전 총리와 '한국적 민주주의'라는 이름으로
철권통치를 정당화한 박정희 전 대통령의 시대는 저물었지만 자본 권력은 '글로벌 스탠더드'의 깃발 아래
새로운 형태의 초국적 독재 권력으로 커나가며 수많은 '을'을 착취하고 있습니다.

우리 때는…

대한민국에는 살인적인 대학 등록금과 취업난, 감당하기 힘든 주거 비용으로 신음하는 청년들이 있는 한편,
부모로부터 세습된 부의 혜택을 누리는 청년들도 있습니다. 계층 간 사다리가 끊어진 한국 사회에서 살아가는 서민층 청년들은
미래에 대한 희망을 잃어가고 있습니다. 빈부의 고착화로 시들어가는 젊은이들에게 기성세대는 단지
청년 세대의 나약함을 꾸짖는 것으로 본질적 문제를 회피하며 그들의 기득권을 유지하려 합니다.

인골탑

세월호 참사 이후 한국 사회의 이익 우선, 생명 경시 풍조에 대한 자성이 깊어지고 안전에 대한 경각심이 높아졌을 거란
기대도 잠시, 억울한 생명을 앗아가는 참사가 끊이지 않고 있습니다. 강화도 캠핑장의 화재로 다섯 명이 사망하고,
용인 도로 건설공사 현장 붕괴로 한 명이 사망하고 여덟 명이 중상을 입는 등 사람보다 돈을 우선하는 과정에서 빚어지는 인재가
반복되고 있습니다. 대한민국 국민들은 세계적으로 빛나는 대기업의 성장과 1인당 국민소득 3만 달러를 앞둔
선진국행 열차 티켓을 위해 세계 최고의 자살률과 최하위권의 행복지수라는 눈물을 흘리며 희생하고 있습니다.

욕하세요

무상급식 중단 선언과 공무 수행 중의 골프 등으로 여론의 질타를 받고 있는 홍준표 경남도지사가 SNS에
'아무것도 할 수 없는 지금의 대한민국에는 욕먹는 리더십이 필요한 때'라는 글을 올려 불난 여론에 기름을 붓습니다.
경상남도의 무상급식 지원이 전면 중단되자 학부모들이 솥단지 급식에 나서거나 도시락을 싸고 교사들은 점심 단식을 하는 등
학부모와 교사, 시민 단체들의 반발이 이어지고 있지만 도지사는 욕먹는 리더십을 고집하며 더 큰 정치적 야심을 키웁니다.

손

5공 시절 박종철 열사 고문치사 사건 담당 검사로서 사건을 은폐하고 축소하는 데 가담했다는 의혹을 지닌 박상옥 씨가 대법관 후보에 올라 논란이 계속되고 있습니다. 국민의 생명을 가볍게 여겼던 군사독재 시절은 역사의 뒤안길로 사라졌는데 국민의 생명권은 지금도 짓밟히고 있습니다.

군사독재 정권의 권좌에 신자유주의를 외치는 자본 권력이 앉아 있다는 것만 다를 뿐입니다.

위기 극복

싱크홀과 블랙홀

희망 없는 사회

위기 극복

2015년 대통령 신년 기자회견에서도 여지없이 경제 위기 극복이 강조됩니다. 세계에서 가장 근면하기로 소문난 대한민국 국민들은 예나 지금이나 위기론이라는 채찍질에 소수 특권층을 위한 노동을 제공합니다.

싱크홀과 블랙홀

기업들의 등기 임원 보수 공개 결과, 정몽구 현대자동차그룹 회장이 총 215억 7,000만 원을 수령해 가장 많은 연봉을 받았고, 총 세 명이 100억 원 이상 수령한 것으로 나타납니다. 이부진 호텔신라 사장은 약 26억 원의 보수를 받았고, 삼성그룹 이건희 회장과 이재용 부회장은 등기 이사로 등재되지 않아 공개 대상에서 제외됐습니다. 개정된 자본시장법에 따라 기업들은 연간 5억 원 이상의 등기 임원 보수를 공개하고 있지만 재벌 그룹 오너 일가 CEO들은 이사직에서 사임하는 꼼수를 통해 연봉 공개를 회피하고 있습니다. 재벌 기업의 임원이 수백 수십 억의 연봉 잔치를 벌이고 국내 10대 그룹 상장 계열사들의 사내 유보금이 500조를 돌파하지만 대다수 국민들의 삶은 나날이 힘겨워지는 현실입니다.

희망 없는 사회

김무성 새누리당 대표의 사위가 2년 반 동안 열다섯 차례나 마약을 투약한 사실이 적발되었으나 법원이 집행유예를 선고하고 검찰은 이에 항소하지도 않은 사실이 드러나 봐주기 논란이 일고 있습니다. 일할수록 가난해지는 빈곤층은 희망 없이 살아가고, 일을 안 해도 가난해지지 않는 특권 계층은 마약에 빠져 무기력하게 살아갑니다.

21세기식 착취

'3포세대', '4포세대' 등으로 스스로를 지칭하며 힘든 현실을 살아가는 한국 청년들이 '열정 페이'라는 이름으로
노동 착취를 강요받고 있습니다. 산업화 시대, 애국이라는 이름으로 노동 착취를 정당화했던 방식이
스마트 시대에 다른 모습으로 대물림되어 이용되고 있습니다.

눈감았던 자

박상옥 대법관 임명 동의안이 국회에 제출된 후 박종철 고문치사 사건 연루 의혹으로 인준이 지연되다
여당 단독 표결로 제출 100일 만에 결국 가결됩니다. 박상옥 신임 대법관은 취임사에서 사회적 약자와 소수자의 목소리에
귀 기울이겠다고 밝히지만 과거의 행적이 말의 신뢰도를 떨어뜨리고 있습니다.

내 손은 깨끗

박근혜 대통령은 성완종 리스트 파문과 관련하여 성역 없는 수사를 통해 국민 의혹을 해소하고
우리 사회와 정치권이 윤리적으로 새롭게 태어나는 계기로 삼아야 한다는 취지의 입장을 밝힙니다.
한국의 최상류층은 손을 더럽힐 일도 없는 자리입니다.

164 헬조선에 장도리를 던져라

배가 고프다

외환은행을 헐값에 인수하고 수조 원의 수익을 올려 먹튀 논란을 빚었던 미국계 사모 펀드 론스타가
정부가 외환은행 매각 승인을 지연해 2조 원가량의 손해를 봤고, 면세 대상인 투자 법인에 8,500억 원의 세금을 부과한 것은
부당하다고 소를 제기했습니다. 총 소송 금액은 손해액에 그동안의 이자 등을 더한 5조 1,000억 원입니다.
인간의 무한한 욕심에서 브레이크를 제거한 신자유주의 시대의 야당의 역할에 대해 고민해보아야 하겠습니다.

갑오징어

기내 서비스를 문제 삼아 여객기를 회항시킨 사건으로 구속된 조현아 전 대한항공 부사장이 항소심에서 집행유예를 선고받고 143일 만에 석방됩니다. 법이면 법, 병역이면 병역, 어떤 것도 빠져나가고 마는 한국의 갑들입니다.

지켜야 한다

노건호 씨의 추도사 논란 이후 보수 언론은 무례함에 대한 비판을 넘어 친노와 종북이라는 매카시즘까지 동원해
논란에 부채질을 하고 있습니다. 추도식에서 보인 예의 없음에 대한 논란을 정치적 반대파에 대한 공격의 기회로 삼는 것입니다.
도덕적 의무와 정치적 의무 그리고 집단적 의무 등이 끈끈하게 연결되어 개인을 억압하는 전체주의적 사회를
만들어가고 있습니다.

더 크게

삼성서울병원이 메르스 사태의 가장 큰 진원지로 지목되면서 전염병 치료 등 사회적으로 중요한 공적 의료보다
수익을 우선하는 대형 병원의 문제가 도마 위에 오르고 있습니다. 심각한 사태임에도 불구하고 병원의 손실을 우려한 비밀주의와
삼성이라는 국내 최대 그룹의 병원이라는 오만함 그리고 대형 병원에 대한 무능한 행정력이 메르스 확산을 더욱
부채질하고 있습니다.

우리 기업의 보은

삼성서울병원이 메르스 '2차 진원지'로 국민적 비판을 받는 가운데 이재용 삼성전자 부회장이 메르스 사태와 관련해 대국민 사과를 한 후 미국 출장길에 오릅니다. 한국의 대표 기업으로 노동자와 소비자에게 사랑받으며 성장한 삼성이지만 실망스러운 모습을 많이 보이고 있습니다.

경찰이 세월호 유가족과 시민 단체로 구성된 416연대 사무실과 박래군 세월호 참사 국민대책회의 공동운영위원장의 자가용 등을
압수 수색하는 등 세월호 추모 단체에 대한 수사를 강화하고 있습니다. 세월호 사태 직후 흘린 눈물이 채 마르지도 않았는데
공권력은 무자비한 탄압을 강행합니다.

박쥐

재임 기간 중 재벌 총수에 대한 특사를 하지 않겠다는 대선 공약을 한 바 있는 박근혜 대통령이 광복절 특별사면 대상에
경제인도 포함해 검토할 것이라는 방침을 밝혀 수감 중인 재벌 총수를 비롯하여 기업인들에 대한 사면 가능성이 열립니다.
대선 공약의 잉크가 채 마르지 않은 것은 물론 성완종 씨 사면에 대해 전 정권의 죄를 성토한 목소리가 귓가에 아직
남아 있는 상황에서 사면을 거론하고 있습니다.

삼성물산과 제일모직이 두 회사의 주주총회에서 합병안을 통과시킵니다. 합병 과정에서 헤지펀드 엘리엇은 보유 주식의 가치가
제대로 평가받지 못했다는 이유로 합병을 반대했으나 삼성물산이 국익 논리를 앞세워 주주들의 찬성을 이끌어냈습니다.
이로써 삼성물산이 보유한 7조가 넘는 삼성전자 지분이 이재용 부회장의 직접 지배로 옮겨져
삼성 3세 승계 작업의 완성을 눈앞에 두게 됩니다.

갑질

새누리당 심학봉 의원이 40대 여성 보험설계사 성폭행 혐의로 극비리에 경찰 조사를 받은 사실이 알려져 지탄을 받고 있습니다.
윤창중 전 청와대 대변인의 성추행 사건을 비롯해 잊을 만하면 정부 여당의 성 추문이 터져 나옵니다.

짐

힘없는 사람에겐

무거운 짐을
세금 공공요금인상
집세 등록금

힘있는사람에겐

가벼운 짐을
규제 완화
비타C 50000
세상많이 좋아졌어 예전엔 사과박스 어떻게들고다녔는지

자매

일제강점 인권유린 사과하라

죄송합니다

재벌갑질 못살겠다

노동개혁 하겠습니다
재벌

세금 줄어드니 대를 이어
행복하고

상속·증여세인하추진

해고 쉬워지니 다행이고

유전무죄이니 행운은 언제나
우리곁에

로펌

귀족층 '행'조선 영원하리

幸:행복할 행

짐

갈수록 돈 많고 권력 있는 사람들에게 좋은 시절이 되어가고 있습니다. 부가 부를 낳는 시대에서 걸림돌은 규제 완화의 이름으로 사라져가고 시중에 돌지 않는 5만 원권은 뇌물의 무게를 줄여줍니다.

자매

박근혜 대통령이 대한민국 ROTC 중앙회 대표단을 초청한 자리에서 '개혁에는 진통이 따르고 기득권의 반발도 거세지만 당장의 고통이 두려워서 개혁을 뒤로 미루거나 적당히 봉합하고 넘어간다면 우리의 후손들은 열 배, 백 배의 고통을 겪게 된다'며 공공, 노동, 교육, 금융 분야의 4대 개혁을 강조합니다. 기득권의 반발이 따르는 개혁인지 기득권의 환호성을 부르는 개혁인지, 노동 개혁이라는 이름의 칼날 앞에 서 있는 노동자들은 한숨만 내쉴 뿐입니다.

행조선

취업난, 주거난 그리고 희망을 박탈당하는 계층 고착화 등으로 고통을 겪는 한국의 청년들은 대한민국을 헬조선이라 부르며 좌절하고 있습니다. 헬조선을 통해 소수의 기득권층은 자신들의 행조선을 유지해 나갑니다.

껌은 롯데 껌

롯데그룹 신격호 총괄회장의 장자인 신동주 전 부회장과 차남 신동빈 회장이 서로 경영권을 차지하기 위한 분쟁을 일으켜 물의를 빚고 있습니다. 이로 인해 1%대 쥐꼬리 지분으로 그룹 전체를 지배하는 롯데그룹의 전근대적인 총수 경영 체제가 도마 위에 오르면서 순환 출자를 통해 황제 경영을 하는 한국 재벌 그룹에 대한 개혁의 필요성이 다시 요구되고 있습니다. 물론 재벌들은 한국 최첨단의 위기 탈출 기술을 갖고 있습니다.

태극기 사용법

삼성, 현대자동차, 롯데, LG, 한화 그룹 등 재계가 광복 70주년을 맞아 일제히 본사 및 계열사 건물 외벽에 초대형 태극기를 다는 등 애국심 마케팅에 열을 올리고 있습니다. 롯데그룹의 경영권 분쟁과 삼성그룹의 3세 승계를 위한 합병 과정에서의 잡음, 재벌 총수들의 사면을 앞두고 이미지 회복에 애국심 마케팅을 이용하는 모습입니다.

故이병철 삼성그룹 창업주의 장남 이맹희 CJ그룹 명예회장이 중국의 한 병원에서 외롭게 세상을 떠납니다.

사카린 밀수, 청와대 투서 사건 등으로 삼성그룹 후계자의 자리를 3남 이건희 회장에게 넘긴 이후 은둔의 길을 걸어온 탓에 '비운의 황태자'라는 별칭을 얻은 바 있습니다.

때마침 롯데그룹의 경영권 분쟁에서 차남 신동빈 씨가 승리했다는 보도가 나와 재벌가 장남들의 운명을 생각해봅니다.

갈리니 쉽다

경기 파주 서부전선의 비무장지대에서 북측이 매설한 목함 지뢰가 폭발해 우리 군 두 명이 중상을 입는 사태가 발생합니다. 한민구 국방장관은 이에 상응하는 혹독한 대가를 치르게 하겠다는 강경 방침을 확인하고, 북측은 확성기 철거를 하지 않으면 무차별 사격에 나설 것이라고 경고하는 등 남북이 일촉즉발의 대결 상황으로 치닫고 있습니다.

단결

정종섭 행정자치부 장관이 새누리당 만찬에 참석해 '총선 필승'이라고 건배사를 한 사실이 밝혀져
공무원의 정치적 중립의무 등의 공직선거법 위반 논란을 빚고 있습니다. 새누리당은 이에 대해 건배사에 주어가 없으니
선거법을 위반하지 않았다는 해명을 내놓습니다. 기득권을 영속시키기 위한 끈끈한 상부상조의 정신을 보여주고 있습니다.

가만히 당해라

노동시장 개혁을 밀어붙이고 있는 새누리당 김무성 대표가 '노동조합이 쇠파이프를 휘두르지 않았더라면 우리나라는 3만 달러가 됐다'고 발언한 데 이어 새누리당 노동시장 선진화 특위 위원장인 이인제 최고위원은 금호타이어의 직장 폐쇄 결정과 관련하여 노조 파업을 '핵폭탄'에 비유해 지탄을 받고 있습니다.

콩 메주

2015년 9월 16일

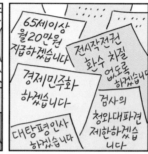

노사정위가 노동시장 구조 개선에 관한 내용을 담은 노사정 합의문을 최종 의결하지만 민주노총은 삭발식을 벌이고
총파업 선포 대회를 추진하고 있어 정부가 추진하는 노동 개혁에 대한 반발과 우려가 커지고 있습니다.
박근혜 대통령은 '노동자 여러분의 고뇌에 찬 결단이 결코 희생을 강요하고 쉬운 해고를 강제하는 일이 없도록 할 것'이라고
말하지만 이제 대통령의 말을 믿는 사람은 찾기가 어렵습니다.

아버지의 힘

부모의 권력을 동원해 취업을 성사시키는 사례는 취업 지옥의 현실을 헤쳐 나가야 하는 수많은 청년들을 맥 빠지게 합니다. 부와 사회적 지위의 대물림 현상이 갈수록 뚜렷해지면서 상대적 박탈감이 심화되고 있지만 정부는 이러한 사회문제에 대한 대책 마련의 의지를 보이지 않고, 대통령을 비롯한 집권 세력은 대물림의 수혜를 누리고만 있습니다.

세르비아 접경 지역의 임시 난민 수용소에서 경찰을 피해 달아나던 난민들을 취재하던 헝가리의 카메라 기자가
아이를 안은 한 난민 남자의 발을 걸어 넘어뜨리는 장면이 SNS를 통해 확산되면서 전 세계 네티즌들의 비난이 일고 있습니다.
파문이 확산되자 해당 방송사는 기자를 해고 조치합니다. 어려움에 처한 사람들에게 도움은 주지 못할망정
발을 걸어 넘어뜨리고 탄압하는 장면은 우리에게 익숙한 모습입니다.

끼리끼리

청년들은 취업난에 시달리며 미래에 대한 희망을 점차 잃어가는데 정부 여당은 노동 개혁을 통한 일자리 나누기만을 해결책으로 제시하고 있습니다. 재벌 유보금 500조 원 중 1%인 5조 원만 고용 창출 투자에 써도 비정규직 50만 명을 바로 정규직으로 전환할 수 있다는 야당의 주장은 허공에 힘없이 울려 퍼질 뿐입니다.

노오력

성장만을 강조해온 한국의 경제정책은 거대 기업과 초고층 빌딩을 키우는 동시에 어두운 그림자 또한 만들어냈습니다.
나날이 짙어지는 신자유주의 그림자 속에서 신음하는 청년들에게 주어지는 것은 더욱 노력하라는 충고뿐입니다.

가까이 보면, 멀리 보면

2015년 9월 30일

추석 밤하늘에 휘영청 뜬 달은 넉넉하고 푸근하여 그곳에서는 토끼들이 평화롭게 뛰어놀 것만 같습니다.
그러나 망원경으로 당겨 본 달의 실체는 분화구 투성이의 흙덩이일 뿐입니다.
명절과 가장 가까운 위치에서 전통 의식을 위해 많은 노동력을 바쳐온 어머니와 딸들에게는
명절이 아름답게만 보이지 않을 것입니다. 우리 경제의 원동력을 제공하는 노동자들 역시
현실의 모순을 가장 가까이에서 경험하고 있습니다. 타워팰리스 로열층에서는 보이지 않는 고통입니다.

주인공

등장과 퇴장

4장

부패와의 전쟁

– 살림살이 좀 나아지셨습니까

라라라

골프장에서 캐디를 성추행하고는 손녀딸 같아서 만졌다는 변명을 늘어놓은 박희태 전 국회의장이
경찰에게 황제 조사를 받았다는 소식입니다. 경찰은 언론의 눈을 피해 새벽에 경찰청사 뒷문으로 기습 출두시키고,
조사 후 수사관 차량으로 귀가 편의까지 제공한 것으로 드러납니다.

안갯속

검찰이 6개월간의 세월호 참사 수사를 마무리하고 결과를 발표했지만 의혹은 여전히 산더미입니다.
유병언 전 세모그룹 회장의 정관계 로비와 정부의 부실한 재난 대응 등 참사를 일으킨 몸통은 놔둔 채 꼬리만 잘라낸 수사라는
비판이 쏟아지고 있습니다. 참사의 원인을 명확히 규명하고 안전 사회로 나아가고자 하는 국민들의 열망은 무시되고
권력자의 측근들이 욕망하는 자리에는 낙하산 선물이 쏟아집니다.

기다려라

세월호 구조 과정에서 해경 간부들이 구난 업체 '언딘 마린 인더스트리스(언딘)'에 특혜를 제공하기 위해 바지선 투입을 막아
구조 활동이 30시간이나 지연됐다는 사실이 세월호 수사를 통해 확인됩니다. 세월호 참사는 눈앞의 이익을 위해
권력과 기업이 유착하여 억울한 희생을 낳는 우리 사회의 축소판이었습니다.

궁금

장막에 가려진 박근혜 정권이 국민들을 답답하게 하고 있습니다. 7인회, 만만회 등 비선 조직의 인사 개입과 권력 암투설,
세월호 참사 당일 일곱 시간 동안의 대통령 행적 등 의문부호가 끊이지 않습니다.
그러나 한국의 자칭 보수 권력층과 보수 언론은 북한 지도자의 건강과 사생활을 파헤치는 데 여념이 없습니다.

사상 초유

낙하산 논란의 대상인 김성주 대한적십자사 총재가 국정감사를 피해 중국으로 출장을 가버리는 희대의 사건이 발생합니다.
수십조 원을 쏟아부었으나 빚더미만 지게 된 자원 외교와 4대강 사업 등 희대의 사기극을 연출한 이명박 정부와 견주어도
뒤지지 않는 기록이 세워지고 있습니다.

진격의 70대

김기춘 비서실장, 이인호 KBS 이사장, 자니윤 한국관광공사 상임감사, 유영익 국사편찬위원장, 유흥수 주일 대사 등 70대의 활약이 눈부십니다. 박근혜 정권은 아직 1970년대를 살고 있는 70대들과 코드를 맞추고 있습니다.

여자 톱스타들과 대기업 총수들의 개인 트레이너로 일하다 3급 행정관으로 특채돼 청와대에서 근무 중인 윤전추 씨를 둘러싼 논란이 끊이지 않습니다. 윤 행정관은 전지현의 S라인을 만든 것으로 알려진 인물이라 더욱 관심을 받고 있습니다.
게다가 청와대가 운동기구를 들여오는 데 1억 1,400만 원의 비용을 쓴 사실이 알려져 국민들의 눈총을 받고 있습니다.

청출어람

정홍원 국무총리가 국회 대정부 질문에서 '우리나라의 표현의 자유가 너무 지나치지 않느냐고 말하는 사람이 있다'고 해
논란을 일으킵니다. '국경 없는 기자회'가 발표한 표현의 자유 보장 정도가 세계 57위로 추락했고
곳곳에서 위축된 모습이 보이지만 권력자들이 보기에는 아직 만족할 만한 수준이 아닌 모양입니다.

루루루

육군본부의 한 장성을 환송하는 만찬 자리에서 장교들이 폭탄주를 마시며 야자타임을 하던 중 대령이 중령의 머리를
맥주 컵으로 때려 부상을 입히는 사고가 일어납니다. 군대 내 가혹 행위와 성추행, 군납 비리 등으로
군의 명예가 바닥에 떨어진 것으로도 부족한지, 갖가지 방식으로 무덤을 파고 있습니다.

한계

2014년 11월 12일

침몰하는 세월호에서 단원고 학생 등 승객을 남겨두고 탈출한 이준석 선장에게 법원이 징역 36년을 선고합니다.
세월호 1등항해사에 대해서는 징역 20년을, 2등항해사에 대해서는 징역 15년을 각각 선고하는 등
세월호 선장과 승무원 열다섯 명에 대한 판결은 내려졌지만 304명이 숨진 대형 참사에 대한 진실은 밝혀지지 않아
유가족들의 원통한 눈물은 그칠 줄을 모릅니다.

사랑

여중생을 수차례 성폭행하고 임신까지 시킨 혐의로 구속 기소된 40대 남성이 여중생과 서로 사랑했다고 주장한 것을 대법원이 받아들이고 무죄 확정 판결을 내려 논란이 되고 있습니다. 대법원은 성폭행을 당했다고 주장한 여성의 진술을 믿기 어렵다고 판단했기 때문이라고 배경을 설명했지만 네티즌들은 분노의 반응을 쏟아내고 있습니다.

검의 탈

서울중앙지방검찰청은 정윤회 문건 중간 수사 결과 발표를 통해 정윤회 문건의 내용은 허위이며, 이를 작성하고 유포시킨 박관천 경정을 구속 기소하고 문건 작성을 지시한 조응천 전 청와대 공직기강비서관은 불구속 기소했다고 밝힙니다.
또한 정윤회 문건을 복사해 최 모 경위에 건넨 혐의로 한 모 경위를 불구속 기소합니다.
최 모 경위에 대해서는 검찰 수사 도중 자살했으므로 공소권 없음 처분을 내립니다.

여전히

건국의 아버지

균형

여전히

조부의 친일 전력에 대해 '유학의 세를 늘려가기 위해 일제 통치 체제하에서 타협하며 사신 것. 그런 식으로 친일을 단죄하면 일제 시대 중산층은 다 친일파'라고 해 여론의 질타를 받았던 이인호 KBS 이사장이 국회 국정감사에서 '김구는 1948년 대한민국 단독 독립에 반대하신 분으로, 대한민국 공로자로 언급하는 건 맞지 않다'고 주장합니다. 지금 대한민국을 지배하고 있는 세력의 역사관을 엿볼 수 있는 사건입니다.

건국의 아버지

박근혜 대통령이 8·15 경축사에서 '건국 67주년'이라는 표현을 사용해 논란이 되고 있습니다. 헌법에 대한민국은 3·1운동으로 건립된 대한민국 임시정부의 법통을 계승한다고 되어 있습니다. 따라서 올해는 1919년에 건국한 대한민국이 건국 96년이 되는 해입니다. 정부 수립일을 건국일로 규정함으로써 이전의 독립운동사를 지워버리고 있습니다.

균형

정부 여당은 박근혜 대통령이 중국 전승절 기념식에 참석한 것을 균형 실리 외교의 일환이라고 평가합니다. 그러나 중국 전승절에서 기념하는 항일 독립군에 관심을 보이는 한국 국민들은 편향된 시각이라고 공격을 받는 현실입니다.

리리리

새정치민주연합이 개최한 국정자문회의에서 이근식 전 행정자치부 장관은 '지금 새정치민주연합을 국민들이 어떻게 보는가.
서서히 데워지고 있는 가마솥의 개구리를 보는 것 같다. 죽는 줄도 모르고 생존해가고 있다'며 현재 야당이 처한 상황에
쓴 소리를 날립니다. 집권 세력의 연이은 실정과 폭정에 국민들이 신음하는데도
무능한 제1 야당은 자신의 정체성조차 찾지 못한 채 시들어가고 있습니다.

출세한 사람과 조롱받는 사람

1980년 전두환 쿠데타 군부의 국보위에 재직하면서 삼청교육대와 관련해 핵심적 역할을 한 경력이 드러났으나 총리 인준에 성공한 이완구 신임 총리가 설을 맞아 전두환 씨를 예방합니다. 전두환 씨는 추징금 환수 집행을 당하며 박근혜 정부와 갈등을 겪기도 했으나 이완구 신임 총리에게 '아주 훌륭한 총리'라고 덕담을 건네는 등 현 정부와 뗄 수 없는 관계임을 확인합니다.

나라 사랑하세

정부가 '국가 의식'을 고취하겠다며 민간 건물의 국기 게양대 설치를 의무화하고
학교에서의 국기 게양식 및 하강식 실시를 추진하는 등 오래전에 사라진 권위적 국가주의 문화를 부활시키고 있습니다.
친일 미화와 탈세, 병역기피로 손가락질 받는 자들이 애국을 외친다고 해서 그들의 과오가 가려지지는 않을 것입니다.

바꿨습니다. 됐죠?

기춘 대원군, 왕실장 등의 별명을 들으며 국정 농단의 책임자로 지목돼 교체 여론을 불러일으킨 김기춘 전 청와대 비서실장이 결국 물러납니다. 박근혜 대통령은 이병기 국정원장을 새 비서실장으로 임명합니다. 유신헌법 제정에 관여하고 '초원복국'에서 지역감정을 조장한 공작 정치 전문가가 물러나니 1997년 북풍 공작을 일으켜 대선에 개입했던 안기부의 2차장이었고, 2002년에는 차떼기로 뇌물을 전달한 인물을 앉혀놓습니다.

김영란법

'김영란'으로 불리는 부정 청탁 및 금품 등 수수의 금지에 관한 법률이 많은 논란 끝에 국회를 통과합니다.

김영란 전 국민권익위원장 재직 당시 권익위안이 발표된 지 929일 만입니다.

김영란법은 공무원과 언론인, 사립학교 교원 등이 포함된 공직자가 직무 관련성과 대가성을 불문하고

100만 원 초과 금품을 수수할 경우 형사처벌한다는 내용을 담고 있습니다.

주경야독

리퍼트 주한 미 대사가 피습을 당한 이후 서울 도심에서 대한예수교 장로회 합동한성총회 소속 신도들이
'리퍼트 대사님, 사랑합니다'라고 외치며 기도회와 발레, 부채춤 공연을 펼칩니다.
박근혜 대통령의 제부인 신동욱 공화당 총재는 리퍼트 대사가 입원한 병원 앞에서 석고대죄 단식을 벌이며
'김기종 씨에게 테러를 당한 리퍼트 대사와 그 가족, 미국 정부와 미국 국민에게 용서를 구한다'고 말합니다.
이러한 과잉 반응에 대해 미국 정부가 감사한 마음을 가질지, 아니면 의구심을 키울지 모를 일입니다.

로마에 가면 로마법, 한국에 오면…

중동 4개국 순방차 아랍에미리트(UAE)의 수도 아부다비를 방문 중인 박근혜 대통령이 그랜드 모스크를 방문하면서
현지 여성들이 머리에 두르는 스카프인 '샤일라'를 착용해 눈길을 끕니다. 박 대통령이 이슬람 율법에 따른 가리개를 착용한 것은
UAE 국민들이 소중히 여기는 그랜드 모스크에 대해 존중과 경의를 표하는 차원이라고 청와대는 설명합니다.
국민들은 한국에서도 한국의 법에 대해 존중과 경의를 표하길 바랄 뿐입니다.

숙주

새누리당이 리퍼트 대사를 습격한 김기종 씨가 야당 집권 시절 방북한 사실과 통일부 통일교육위원으로 위촉된 사실 등을
언급하면서 "새정치연합은 '종북몰이' 운운하며 역색깔론을 펼칠 때가 아니라 '종북 숙주'에 대한 참회록을 쓸 때"라며
기세등등한 모습을 보입니다. 한편 한국수력원자력의 원전 도면 유출 사태는 북한 해커 집단이 장기간 준비해 실행한
사이버 공격이었다는 수사 결과가 발표돼 보안 책임자들이 안도의 한숨을 내쉽니다. 북은 누구의 숙주인지 궁금해질 뿐입니다.

너무 미워하지 마세요

취임 50일을 맞은 문재인 새정치민주연합 대표가 정부와 여당을 겨냥해 '군대도 제대로 안 갔다 온 정치 세력들이 선거 때만 선거 프레임으로 안보를 내세우고 종북몰이로 덕을 보려 한다'며 '천안함, 연평도 사건을 막지도, 제대로 응징하지도 못한 정당이 무슨 안보를 말할 자격이 있느냐'고 강경한 목소리를 냅니다. 보수와 진보의 구분이 애매한 한국 정치에서 야당의 정체성 또한 확립하기 쉽지 않아 보입니다.

전 정권을 잡으니…

검찰이 이명박 정권 시절의 자원 외교 비리를 수사하던 중 성완종 전 경남기업 회장이 자살하고 성 전 회장이 돈을 준
친박 실세들의 명단이 공개돼 재·보선을 앞둔 정국이 요동치고 있습니다. 검찰의 칼날은 이명박 정권의 비리를 향하는데
박근혜 정권의 실세들이 비명을 지르고 있으니 역시 그들은 이명박근혜 정권이었습니다.

내가 더 두꺼워

성완종 리스트가 공개되면서 현 정권의 실세들이 기업인으로부터 검은돈을 받은 사실이 백일하에 드러나고 있습니다.
부정부패와의 전쟁을 선포하며 비리 척결을 외친 박근혜 정부의 실력자들이 부정부패의 당사자였으니
그 낯 두꺼움이 전 정권을 능가할 정도입니다.

미국과 일본 그리고…

2015년 4월 30일

미국을 방문한 아베 총리가 미·일 정상회담 후 미국 의회 연설 무대에서 강도 높은 표현으로 태평양전쟁에 대해 사죄하고
희생자들을 위로하지만 한국이나 중국 등에 대한 과거사 사죄는 빠뜨려 비난을 받고 있습니다. 이번 회담을 통해
미·일 양국 관계가 매우 진전됐다는 평가가 나오는 가운데 아베 총리는 미·일 방위 협력 지침을 진정한 역사적 문서라고
평가하면서 집단 자위권 행사를 가능하게 하는 안보 관련 법안들을 여름까지 실현하겠다는 의지를 피력합니다.
구한말의 정세를 떠오르게 하는 2015년의 국제 정세가 숨 가쁘게 돌아가고 있습니다.

미션 파서블

2014년 12월 19일

헷갈리지 말고

2015년 3월 17일

이유 찾기

미션 파서블
나라를 뒤흔든 비선 실세 국정 개입 의혹 사건과 관련, 검찰은 경찰공무원 혼자 허위 문건을 만들어 보고하는 과정에서
벌어진 자작극으로 사건을 마무리합니다. '찌라시 수준의 얘기들이 계속 나오고 있는데 이런 일방적인 주장에 흔들리지
마시고, 검찰의 수사 결과를 지켜봐 주셨으면 합니다'라고 앞서 밝힌 대통령의 가이드라인을 충실히 따랐다는 평가입니다.

헷갈리지 말고
이완구 총리의 부패와의 전쟁 선언 이후 박근혜 대통령도 국무회의에서 부패 척결에 범정부적 역량을 결집해달라고
주문하는 등 정부가 연일 부정부패 척결을 강조하고 있습니다. 한국 사회에 뿌리 깊게 박힌 적폐를 제거하자는 데
반대할 국민은 없지만 현 정권이 과연 그러한 역할을 제대로 수행할 만큼 깨끗한지에 대해서는 우려의 시선이 많습니다.

이유 찾기
노무현 전 대통령의 친형인 노건평 씨가 성완종 전 경남기업회장에게서 특별사면 관련 청탁을 받은 혐의로 검찰에 소환돼
조사를 받습니다. 성완종 리스트에 거론된 현 정권의 측근들에 대한 의혹보다 전 정권과의 연관성을 찾는 데
심혈을 기울이는 모습입니다.

외국어

아베 총리가 일본 총리 최초로 미국 연방의회 상·하원 합동 회의에서 연설을 하지만 과거사에 대한 인정 및 사죄의 표현은 찾아볼 수 없고 일본군 위안부 관련 언급도 하지 않습니다. 이에 대해 세계 사학자 187명이 아베 총리에게 일본군 위안부 문제를 더 이상 왜곡하지 말고 인정하라는 성명을 내기도 하지만 한국 정부의 모습은 점잖기만 합니다.

모래시계

성완종 전 경남기업 회장으로부터 불법 자금 1억 2,000만 원을 수수한 혐의를 받고 있는 홍준표 경남지사가
그 돈은 부인의 비자금이라고 주장합니다. 검사 시절 군사정권 실세들에 대한 성역 없는 수사로 모래시계 검사라는 명성을 얻은
홍준표 지사가 많은 사람들에게 실망감을 안기고 있습니다.

악어의 눈물

세월호 유가족들과 시민 단체 등에게 '유가족들은 사고 수습 당시 박근혜 대통령의 일곱 시간 동안의 행적을 밝혀야 한다는 황당한 소리를 해대고 있다. 여기에 반미 반체제 좌파 인사들이 파리떼처럼 달라붙어 이를 반정부 투쟁으로 악용하고 있다', '좌파 시민 단체는 악마의 집단 같다. 기업을 죽이지 못해 안달하고 있다'며 원색적인 비난을 일삼던 이의춘 미디어펜 대표가 신설된 국정홍보 차관보에 임명돼 논란이 일고 있습니다. 눈물로 가릴 수 없는 본색입니다.

박범훈 전 청와대 교육문화수석에게 중앙대 특혜를 위해 로비를 했다는 의혹을 받고 있는 중앙대 이사장이었던 박용성
전 두산그룹 회장이 서울 서초동 중앙지검에 출석하는 중 중앙대 학생들에게 스승의날 카네이션을 받은 모습이 화제입니다.
불의가 처벌받지 않고 권력으로 군림하는 사회에서 벌어지는 씁쓸한 풍경입니다.

저리 가

청와대가 이완구 전 총리의 후임으로 대검 공안과장과 서울지검 공안부장, 창원지검장, 부산고검장 등을 지낸 황교안 법무부
장관을 내정합니다. 박근혜 정부 출범과 함께 법무부 장관에 임명된 황 후보자는 헌정사상 초유의 정당해산 결정을
이끌어 낸 바 있습니다. 청와대 민정수석, 민정비서관과 함께 검사 출신들이 요직을 맡아 정국 후반기를 대비하고 있습니다.

모르게 하라

황교안 국무총리 후보에 대한 임명 동의안이 국회에 제출되면서 총리 인사 청문회에 대한 관심이 집중되고 있습니다.
독실한 개신교 신자인 황 후보는 병역면제, 전관예우, 증여세 탈루 의혹 등 총리로서의 자질을 의심받고 있지만
박근혜 정권은 신임 총리 후보의 공안통으로서의 실력을 기대하고 있습니다.

바이러스

메르스 국내 발생 후 추가 확진 환자가 최소 수준인 한 명으로 감소하면서 메르스 확산이 진정세로 접어들었다는 관측이
나오고 있습니다. 그러나 한국에는 메르스 바이러스보다 무서운 바이러스가 남아 있습니다.
고위 공직자들이 전파시키는 범죄 바이러스입니다.

먹튀

2007년 대선 때 BBK의 실소유주가 이명박 후보라는 의혹을 제기한 김경준 씨를 당시 여권이 기획 입국시켰다는
BBK 가짜 편지 사건에서 김 씨가 승소합니다. 이명박 전 대통령의 당선에 큰 영향을 끼친 정치 공작의 진실은 드러나지만
4대강 사업과 자원 외교 방위산업 및 재벌 특혜 등에 대해서는 먹고 멀리 튄 지 오래입니다.

수고 많습니다

국정원이 '5163부대'라는 이름으로 2012년 이탈리아의 소프트웨어 업체로부터 컴퓨터와 휴대폰을 실시간으로
도·감청할 수 있는 해킹 프로그램을 구입해 운용해온 사실이 드러나 파문이 일고 있습니다.
2012년 대선을 위해 댓글 부대, 해킹 부대, 언론 부대들이 총동원되어 열심히 수고해줬습니다.

고맙습니다

미국을 방문 중인 김무성 새누리당 대표가 6·25 참전 용사들과의 리셉션에 참석하여 동행 의원들과 함께
참전 용사들에게 큰절을 해 화제가 되고 있습니다.
6·25전쟁은 한국민들에게 지우기 힘든 상처를 남겼고 정치인들은 다시 자존심에 상처를 주고 있습니다.

잊고 삽시다

달라진 건 포장

잊고 삽시다

리퍼트 대사가 피습을 당한 직후 박근혜 대통령은 이 사건을 한미 동맹에 대한 공격이라고 규정하고, 검찰은 범인 김기종 씨와 주변 인물들에 대한 이적성을 수사하는 데 총력을 기울이고 있습니다. 나아가 정치권에서는 미국 고고도 미사일 방어 체계인 사드 배치와 테러 방지법을 추진하는 움직임을 보이는 등 미 대사 피습 사건에 대한 대책이 봇물 터지듯 쏟아져 나옵니다. 세월호 사건 이후 권력층이 보인 행동과는 다른 모습입니다.

달라진 건 포장

비리와의 전쟁을 선포한 바 있는 이완구 국무총리가 성완종 전 경남기업 회장으로부터 3,000만 원을 받았다는 의혹에서 헤어나지 못하고 있습니다. 이 총리는 '만약 돈을 받았다는 증거가 나오면 목숨을 내놓겠다'고 했는데, 성완종 전 회장의 측근 인사가 2013년 4·24 재선거를 앞두고 총리의 부여 선거사무소를 방문해 '비타500' 박스를 전달했다는 사실을 밝힙니다. 세월이 흘러도 달라지지 않는 참사 공화국에서 돈 상자의 변천 과정만 봐야 하는 국민들의 심정이 암울하기만 합니다.

언제 그랬냐는 듯이

세월호 참사 500일째가 되던 날 정부가 세월호 희생자 유가족에게 '배·보상 설명회를 개최하니 참석하라'는 내용의 휴대폰 문자 메시지를 보낸 사실이 알려져 지탄을 받고 있습니다. 한 단원고 희생 학생의 유가족은 "아들딸을 가슴에 묻지 못하고 500일을 죽지 못해 살아온 부모들에게 '돈 받으러 오라'는 문자를 꼭 그날 보냈어야 하느냐"며 정부의 무신경한 태도를 지적합니다.

장군님의 은혜

국정원의 해킹 프로그램 구입 사실이 드러난 이후 직원이 자살하고 민간인 사찰 등 여러 의혹이 불거지지만
국정원은 셀프 조사로 스스로 면죄부를 주고 '대북 정보전의 일환으로 정당한 활동'이라며 당당한 모습입니다. 무슨 죄를 지어도
대북 애국 활동이라면 만사형통이니 한국의 기득권 세력들은 장군님의 은혜에 큰절을 드리고 싶은 마음일 것입니다.

황금만능주의가 반공주의에 지배되는 한국 사회에서 법과 도덕성은 가치를 상실하고 있습니다.
지배층은 그들의 권력 보존을 위해 이성적 판단보다 맹목적 믿음으로 유지되는 종교적 사회를 이어가려 합니다.

조선인에겐

박근혜 대통령의 동생 박근령 씨가 일본의 한 인터넷 방송과의 인터뷰에서
일본에 위안부 문제 사과를 계속 요구하는 것은 부당하며 1960년대 한일 국교 정상화로 경제 재건을 이룬 만큼
일본에 대한 보상 요구도 부적절하다는 등의 발언으로 파문을 일으킵니다.
친일을 통해 기반을 형성한 한국의 소수 특권 계층의 몰지각한 역사 인식이 드러나 많은 국민들을 참담하게 합니다.

배신과 변신

김무성 새누리당 대표의 방미 큰절 외교 이후 SNS에서는 김 대표 선친의 친일 행적에 대한 관심이 커지고 있습니다.
박근령 씨의 역사 왜곡 발언과 함께 한국의 친일 과거사를 청산하지 못한 비극이 다시 느껴지는 요즘입니다.

시게미쓰 댁, 다카키 댁

박근혜 대통령의 여동생 박근령 씨가 일본의 한 인터넷 방송 인터뷰에서 '우리가 위안부 여사님들을 더 챙기지 않고
자꾸 일본을 타박하는 뉴스만 나간 것에 대해 죄송스럽게 생각한다'고 사과하며 한국이 야스쿠니신사 참배에 대해
문제 삼는 것에 대해서는 '내정간섭이라고 생각한다. 혈손이 어떻게 부모를, 자신의 선조를 참배하지 않겠느냐'는 발언을 해
큰 파문이 일고 있습니다.

안심하세요

경기 파주 중부전선 비무장지대에서 군 장병 두 명이 목함 지뢰 폭발로 중상을 입는 사고가 일어납니다.
정부 여당은 북에 대한 단호한 대응을 주문하고 군 당국은 대북 방송을 재개합니다. 군 장병의 희생이 반복될 때마다
북을 향한 규탄의 목소리가 높아지지만 책임지는 수뇌부는 보이지 않습니다.

그들만의 세상

김태원 새누리당 의원이 변호사인 아들의 취업을 위해 정부법무공단에 영향력을 행사하고, 윤후덕 새정치민주연합 의원은 딸의 LG디스플레이 입사에 개입한 정황이 드러나 파문이 일고 있습니다. 부모의 권력으로 자식의 취업에까지 불공정한 영향력을 행사하려는 취업 갑질에 대해 현대판 음서제라는 비아냥이 나오고 있습니다.

몰라

북측이 고위급 접촉 공동 보도문에서 '지뢰 폭발로 남측 군인들이 부상을 당한 것에 대해 유감을 표명하였다'고 한 것에 대해 정부는 외교 문서에서 '유감' 표명은 사과의 의미로 사용되기 때문에 이 조항은 '북한이 사과했다'는 내용이 된다고 설명하면서 이번 합의는 북한이 위기를 조성하여 대북 확성기 방송 중단을 요구한 데 대해 정부가 이를 거부하고 일관된 원칙을 가지고 협상한 것에 대한 결과라고 평가합니다.

간지러워라

김현웅 법무부 장관이 검찰에 부정부패 수사 강화를 지시하면서 공직비리 척결을 강조합니다.
이완구 국무총리의 부패와의 전쟁이 성완종 리스트라는 암초를 만나 '태산명동서일필(泰山鳴動鼠一匹)'이 된 후 다시
'제2의 부패와의 전쟁'이 선포된 것인데, 여기에 대해 사정 대상들은 과연 어떤 생각을 할지 궁금합니다.

청와대 강아지

MBC 대주주 방송문화진흥회의 고영주 신임 이사장이 감사 시절 한 행사에서 '문재인 후보도 공산주의자이고
이 사람이 대통령이 되면 우리나라가 적화되는 것은 시간문제'라며 '좌파정권 집권을 막아주신 여러분께 진심으로 감사드린다.
여러분이 박근혜 후보를 지지해주신 것은 대한민국이 적화되는 것을 막으려는 것이 제일 큰 이유였다'고 말한 것으로 드러나
파문이 일고 있습니다.

애정

점이 모여 선이 되고

선이 모여 그림이 되고

그림이 모여 만화가 됩니다

거기에 독자님들의 사랑이 더해져 만화는 생명을 얻습니다. 장도리가 20년 넘게 이어올 수 있었던 것은 독자님들이 보내주신 애정덕분입니다

감사

신문,SNS,각종커뮤니티를통해

장도리를 봐주시고 격려해주시는 독자님들께

감사의 인사를 드립니다

그리고 지금 이 책을 구입해 보시는 독자님들께 감사의 큰절을 드립니다

권력에 대한 조롱 혹은 부정

하종원(선문대학교 미디어커뮤니케이션학과 교수)

신문 시사만화의 현실과 〈장도리〉

'한때' 신문에서 가장 많이 읽히는 3대 기사의 하나로 꼽힐 만큼 시사만화가 잘나가던 시절이 있었다. 이렇듯 '과거형'으로 표현하는 것은 지금은 좀처럼 그때의 모습을 찾기 힘들기 때문이다. 몰락이라고까지 할 수는 없어도 기세가 꺾여 위축되어 있는 현실을 부인할 수 없다. 특히 네 칸 시사만화는 열 개 전국 일간지 중 두 곳에서 겨우 명맥을 유지할 뿐이다. 한국인의 하루 평균 종이신문 구독 시간이 약 12분에 불과할 정도로 픽

한 신문 시장의 상황은 시사만화의 입지를 더욱 어렵게 만들고 있다.

척박한 현실에서 1995년부터 올해까지 꼬박 만 20년을 한 신문(《경향신문》)에서 끈기 있게 버텨온 박순찬의 네 칸 시사만화 〈장도리〉는 그래서 더욱 돋보이고 특이한 존재로까지 비추어진다. "고루하다고 평가받던 네 칸 만화가 유효한 콘텐츠임을 입증"(손문상), "시사만화의 표현력과 사회적 역할의 지평을 넓혀준 작품"

(김낙호), "시대의 자화상을 기록하는 우리 시대의 김홍도"(박시백) 등 동료 작가나 전문가의 '증언'과 전국 시사만화협회가 제정한 '올해의 시사만화상'을 2008년과 2012년에 두 번씩이나 수상하고 2013년 '부천만화대상 우수만화상'을 받은 '물증'을 보건대 그의 저력이 사실무근이 아닌 것은 분명하다.

〈장도리〉 만화집 출간의 의미

그가 또 하나의 만화집을 내놓았다. 이미 2009년 《삽질공화국에 장도리를 날려라》를 필두로 《나는 99%다》(2012), 《516공화국》(2013)에 이어 2014년 12월에는 《세월의 기억》을 출간한 바 있다.

시사만화의 재활용이 미미한 현실에서 아무리 '장도리'가 브랜드 가치를 지닌다 하더라도 선집을 발간하는 것은 용기와 소신 없이 불가능한 일이다. 시의성이 떨어져 구문(舊聞)으로 전락한 신문(新聞)의 용도는 짬뽕 깔개 정도라는 우스갯말처럼, 사실 신문에 실린 시사만화의 운명은 일회성이 될 소지가 높다. 시사만화의 진수는 당일 제대로 맛볼 수 있기 때문이다. 시사만화는 다른 기사들과 서로 긴밀하게 연계되고 조응하며 의미를 드러낸다. 시사만화만 따로 모았을 때는 다른 정보

〈장도리〉 만화집의 표지그림은 그 자체로도 하나의 작품으로 의미를 가질 만큼 뛰어난 풍자와 은유를 담고 있다.

가 배제된 채 개인적인 기억에 기대어 시사만화를 읽을 수밖에 없다는 태생적 한계를 갖는다. 그래서 작가는 몇 가지 큰 주제하에 작품들을 재구성하고 제목을 붙이고 만화 해설과 구상 과정을 정리하여 주변의 배경을 설명함으로써 이를 새롭게 각색하였다.

그의 이런 작업은 신문 시사만화의 지형 확대를 적극적으로 시도한다는 점에서 큰 의미를 갖는다. 시사만화는 시의성을 근간으로 하고 정보적 맥락 속에서 존재하는 것이기도 하지만 한편으로는 어떤 특정한 시기에 대한 사회적 인식과 분위기를 살펴볼 수 있는 중요한 역사적 기록이 되기 때문이다. 미국에서 역사 수업 시간에 시사만화를 활용하는 이른바 'ECIE(Editional Cartoon in Education)'가 활발히 이루어지는 것도 그 점에 기인한다. 작가가 동시대의 기록자로서 지속적으로 작품 선집의 발간을 시도하는 것에도 바로 그러한 의도가 있을 것이다.

첫 번째 선집을 발간한 후 두 번째부터 '대한민국 생태보고서'라 명명하고, 다시 '대한민국 현재사(現在史)'로 시리즈 명을 바꾼 것은 보다 구체적으로 그 의지를 실천하기 위한 노력의 일환으로 보인다. '현재사'란 용어가 시사하는 바는 다분히 우울하다. 역사란 엄연히 살아 있는 현실임을 비통한 마음으로 다시금 되새겨야 하기 때문이다. 우리에게 역사는 과거의 사실이 아니다. 과거로서의 역사는 현재를 읽고 미래를 전망하며 궁극적으로 보다 발전하기 위한 토대로 존재한다. 하지만 우리의 역사는 여전히 똑같은 과오를 되풀이하며 앞으로 나아가지 못하고 있다. 그저 현재 진행형의 '현재사'에 그칠 뿐이다. 그래서 작가는 이 선집을 통해 부탁한다. "세월이 지나도 기억 속에 오늘을 각인"해주길.

시사만화 주인공과 '장도리'의 부재

한국의 신문 독자들이 시사만화를 읽는 가장 큰 이유의 하나는 공감을 통한 대리 경험 혹은 가상 체험의 즐거움이다. 이는 신문의 네 칸 연재만화가 예외 없이 일정한 주인공을 등장시키고 있는 것에서도 알 수 있다. 그들은 털털하고 우직하며 주변머리 없고 힘없는 서민 계층의 인물이다. 지배자/피지배자, 권력자/무력자, 선

주인공

언제부터인가 〈장도리〉에는 주인공
'장도리'가 등장하지 않고 있다.

민(選民)/서민, 관(官)/민(民), 부자/빈자, 지식인/무식자 간에 형성되는 대결 관계에서 강자의 월권, 약자의 애환 등이 고발됨으로써 독자들은 주인공에게 깊은 공감을 가지며 때론 치미는 분노도 느낀다. "어지러운 사회를 고치는 데 조금이라도 일조할 수 있기를 바라는 마음"으로 연장의 이름을 본따 붙였다는 '장도리' 역시 마찬가지다. 하지만 초창기 나름대로 적극적으로 발언하고 행동하던 장도리가 언제부터인가 동료의 체념 섞인 발언에 침울하고 무기력한 표정으로 묵묵부답하거나 아예 등장하지 않는 경우가 훨씬 더 많아졌다.

이러한 점은 두 가지로 풀이해볼 수 있다. 하나는 사회적 쟁점과 사건에 대해 주인공의 비판적인 발언과 행동을 담아냈던 과거보다도 오늘의 현실이 국민의 눈물과 분노를 머금은 절규로 가득한 암울한 시기라 보기 때문이다. 우리 대다수는 의사결정 과정으로부터 '철저히' 소외되어 있다. 작가가 선집에서 희화하여 표현한 "자주 등장하고 싶다"는 장도리의 희망을 묵살해버리는 이 시대 권력자들의 존재는 만화 공간에서조차 장도리의 몫을 배려하기가 녹록지 않다는 것을 보여준다. 또 하나는 표현의 범위와 방식을 넓히기 위한 필요성 때문으로 보인다. 사회현상에 대하여 주인공이 대처하는 행동 양식을 통해 의미 유발을 시도했던 전통적인 표현 체계로는 이 시대의 많은 이야기를 담아내기 어려울 수 있다. 분화되고 복잡해진 현대사회에서 시사만화의 주인공들이 상징적으로 대변했던 소시민의 현실적 존재나 정체성이 흔들리고 있다는 사실도 고려하지 않을 수 없다고 본다.

권력에 대한 조롱 혹은 부정

시사만화는 태생적으로 찌르기(sting)의 표현 양식이다. 그것은 사람들을 자극하고 선동하며 분노케 하고, 궁극적으로 생각하게 만드는 속성을 갖는다. 그런 점에서 보자면 〈장도리〉는 가장 시사만화다운 공격성으로 무장되어 있다. 작가 스스로도 "권력 집단을 향한 거친 조롱과 사회 현실에 대한 직설적 언사를 내뱉기를 서슴지 않겠다"고 밝힌다.

깃털도 깃털 나름

2012년 3월 24일

엄청난 '삼성공화국'의 힘은 입법, 사법, 행정, 언론 등 이른바 '4권력'을 망라하여 휘하에 두며 철옹성을 구축하고 있다.

유체이탈의 지존

유체 이탈이라는 초인적인 능력을 지녀야만 우리나라 대통령이 될 수 있는지도 모른다.

주된 공격 대상은 모든 권력 집단이다. 정치권력(국회의원), 행정권력(관료), 언론권력(보수 언론), 자본권력(재벌 기업), 치안권력(검·경찰), 종교권력(교회), 사법권력(로펌) 등 이 사회의 1%로서 존재하는 계층과 주변 강대국(미국, 일본, 중국)과 북한(김정일, 김정은)에 이르는 폭넓은 스펙트럼이 포함된다.

그중에서도 가장 지속적이며 끈질긴 공격의 대상이 되는 것은 '삼성'으로 대표되는 자본 권력이다. '삼성'은 단순히 재벌 기업의 하나가 아니라 이 나라 권력 집단의 통합적 본체로 여겨지기 때문이다. 위대하신 태양이 뿜어내는 햇볕으로 모두를 순응케 만들고, 아무리 세찬 여론에도 끄떡없는 철옹성으로 버티며, 부하들의 절대적 충성을 서약 받은 조폭 두목으로서 삼성은 다른 권력 집단들을 휘하에 거느리고 무소불위의 힘을 휘두르는 절대 권력 그 자체로 묘사된다.

또 다른 공격의 대상은 정치권력의 수장인 대통령이

다. '삽질공화국'(이명박)과 '516공화국'(박근혜)으로 대변되는 대한민국의 지도자들은 겉과 속이 다른, 두 얼굴의 아수라 백작으로 그려진다. 입으로는 99%의 국민들을 위한다고 말하지만 손으로는 1%의 특권층을 챙겨주는, 언행이 일치하지 않고 몸과 마음이 따로인 '유체 이탈'의 존재로 등장한다.

양태는 다르지만 권력 집단들의 속성은 결국 동일하고 동질적이다. 적어도 99%의 국민을 겁박하여 자신의 이득을 취하는 파렴치한이란 점에서 그렇다. 남한과 북한의 위정자들이, 김정일 부자와 이건희 부자가, 박근혜와 박정희가, 재벌과 조폭이, 한국 정부와 미국 정부가 그렇다. 그리고 과거와 현재가 여전히 변하지 않고 동류항이라는 점에서 우리의 분노는 깊어지고 절망은 쌓여만 간다.

폭넓은 이야기의 구성과 즐거움

네 칸 만화에 대한 가장 큰 비판의 하나는 점차 매너리즘에 빠져 다양성을 잃고 획일화와 동어반복의 구태의

연함을 보인다는 점이다. 그런 점에서 본질을 꿰뚫는 뛰어난 통찰력과 이야기를 이끌어가는 탄탄한 구성력은 〈장도리〉표 특유의 색깔을 만들어낸다.

가령 역대 대통령을 그들의 지역 연고에 따라 나누어 풍자한 '역대 정권의 어족(魚族)'이 그렇다. 멸치(김영삼)-홍어(김대중)-도다리(노무현)-과메기(이병박)에 비유한 이 만화는 그저 재치 있는 유머에 머무르지 않는다. 마지막 장면에서 흐름을 비틀어 '후식은 언제나 콩밥'이라는, 친인척 비리의 반복성을 신랄하게 풍자함으로써 우리에게 통쾌한 카타르시스와 즐거움을 제공한다. 이러한 종결적 발언은 단순한 논리적 결론이 아닌, 그 결론을 넘어선 새로운 반전으로 승화되는 성과를 거두게 한다.

그의 또 다른 서사 방식은 개별적인 한두 개 사안에 그치지 않고 여러 사건들을 연계시켜 병렬함으로써 이야기를 확장하고 우리 사회의 모순과 부조리에 대해 보다 강력한 경종을 울리는 것이다. 이를테면 현재의 사건을 다루면서 시간을 거슬러 올라가 과거의 비슷한 사례

쥐세상

〈장도리〉는 신조어, 고사성어 풀이, 패러디 등 다양한 방법으로 재미와 메시지를 독자에게 전달한다.

단일화

작은 지면임에도 절제된 선으로 절묘하게 묘사된 캐리커처는 경탄스러울 정도다.

들을 열거한다. 현 박근혜 정부가 내걸고 있는 '미래 창조'의 깃발은, 이승만과 친일파들의 '반일' 깃발, 박정희의 '한국적 민주주의' 깃발, 전두환의 '정의 사회' 깃발 아래 자행된 수많은 탄압과 인권유린, 비리를 담고 있는 허위와 위선의 깃발과 동의어임을 고발하며 역사의 바퀴가 여전히 헛돌고 있음을 보여준다.

또한 동시대의 여러 사건을 엮어 사회의 총체적 난국의 양상을 드러낸다. 무리한 운항 탓으로 고층 아파트와 충돌하여 참변을 당한 민간 헬리콥터 조종사는, 유해 물질에 노출되어 백혈병으로 쓰러지는 노동자나 획일적인 입시 지옥의 고통을 겪는 청소년과 다름없이 무형의 폭력의 희생자임을 알려준다. 이는 억지로 우기면 통용되는 '종북' 꼬리표 달기의 공포로 이어지며 결국 우리 삶 곳곳에 자리 잡고 있는 '하면 된다' 식의 군사 정권 시대 논리의 횡포에 대한 고발로 이어진다.

〈장도리〉는 세상의 부조리에 대한 통렬한 비판을 담아내면서도 웃음과 유머를 잃지 않는다. 그러한 풍자와 해학의 즐거움은 지문과 대사, 해설 등 언어적 텍스트의 효과적인 안배와 적절한 수사 체계를 절묘하게 버무리는 작가의 솜씨에 의해 마련된다. 두운(頭韻)과 각운(脚韻)을 통한 리듬감 있는 흐름, 새로운 단어의 조어와 낱말 및 고사성어 풀이, 동음이의와 음상 유사의 다중적 의미의 활용, 다양한 문화 현상의 패러디 등을 상황에 따라 적절히 조절해가며 풍성한 변주를 만들어낸다. 때론 하나의 주제를 여러 편의 연작 시리즈로 만들어 색다른 재미를 제공하기도 한다. 가령 역대 정권의 특성을 대통령 캐릭터로 비교한 일련의 만화들은 일순 미소를 띠게 하면서도 곧 씁쓸한 현실을 깨닫게 한다.

시각적 텍스트의 적극적 활용

네 칸 시사만화에서 그림 텍스트는 일반적으로 단순하고 정보량이 적을 수밖에 없다. 한 칸 만평에 비해 작은 지면 탓에 그림체와 시각 연출이 간략해지고 인물에 대한 캐리커처의 효과를 발휘하기 힘들기 때문이다. 하지만 〈장도리〉의 치열한 작가 정신은 언어적 텍스트뿐만 아니라 시각적 효과를 극대화하기 위한 작업을 끊임없이 시도하고 있다는 점에서도 발견된다. 가령 현실감을 높이기 위해 작은 화면에서도 상당히 정교하게 인물 캐리커처를 묘사하는 뛰어난 데생 능력이나, 필요한 시점을 포착하여 인물의 캐리커처를 클로즈업하는 시각적 연출에 감탄하지 않을 수 없다. 문재인과 안철수의 단일화를 바라보는 박근혜의 감출 수 없는 쓸쓸한 표정은 마치 한 칸 만평을 보는 듯 그 자체로도 메시지 전달이 된다.

또한 기존의 회화 작품을 상황에 맞게 재변형하는 시각적 패러디도 등장한다. 예컨대, 뭉크의 〈절규〉와 리히텐슈타인의 〈행복한 눈물〉은 수차례 동원되어 99%의 경악과 절규, 1%의 환희와 행복을 압축적으로 대비하여 보여준다. 최근에는 실제 사진을 도입하는 실험도 시도된다. '유신의 추억'의 마지막 장면에 삽입한 사열대의 박정희와 박근혜의 자료 사진은 다큐멘터리적인 느낌을 주며 한편으로는 영화 〈살인의 추억〉에서 미제(未濟)로 마감된 연쇄살인 사건처럼 아직도 끝나지 않은 유신의 악몽을 떠올린다.

미래에 대한 희망을 기대하며

한국적 현실에서 신문 만화는 '분재(盆栽)의 미학'을 거부하고 '야생(野生)의 투쟁'을 택했다. 우리의 독특한 네 칸 시사만화는 단순한 우스갯소리를 넘어 서민들의 삶과 절망을 이야기하며 아픈 상처를 어루만지고 잠든 의식을 일깨워 용기를 북돋아주는 민중의 대변자로서 그 소임을 다해왔다. 하지만 〈장도리〉를 다시 읽는 마음은 쓸쓸하고 답답하다. 역사는 되풀이된다는 속설을 재확인하는 불편함 때문이다. 새로운 변화에 대한 요구와 열망이 스러지는 이즈음의 엄혹한 현실에서, 시사만화의 위기를 두고 이런저런 이야기가 심심찮게 들려오는 이 시점에, 시사만화가 과연 무엇을 할 수 있을지 일순 회의가 드는 것도 사실이다. 그러나 인간 존재와 사회구조가 태생적으로 안고 있는 모순과 부조리가 존재하는 한, 어느 시대 어느 공간에서도 그에 대한 냉엄한 비판과 성찰의 목소리가 요청되리라 믿는다.

역사학자 에릭 홉스봄은 "시대가 아무리 마음에 안 들더라도 아직은 무기를 놓지 말자. 사회 불의는 여전히 규탄하고 맞서 싸워야 하기 때문이다. 세상은 저절로 좋아지지 않는다"고 언명한 바 있다. 그 한 몫을 바로 시사만화가 담당하는 것이며, 때문에 시사만화는 계속될 수밖에 없다. 희망의 끈을 내려놓지 않고 〈장도리〉에게 여전히 기대하고 부담을 주는 것도 바로 그러한 이유 때문이다.

헬조선에 장도리를 던져라

박순찬 지음

초판 1쇄 인쇄일 2015년 11월 25일
초판 1쇄 발행일 2015년 12월 4일

발행인 | 한상준
편집 | 김민정·이현령·이경민
디자인 | 김경희
마케팅 | 이정욱·정미현
종이 | 화인페이퍼
출력 | 소다프린트
인쇄·제본 | 영신사

발행처 | 비아북(ViaBook Publisher)
출판등록 | 제313-2007-218호(2007년 11월 2일)
주소 | 서울시 마포구 월드컵북로 6길 97 2층 (연남동 567-40)
전화 | 02-334-6123 팩스 | 02-334-6126 전자우편 | crm@viabook.kr 홈페이지 | viabook.kr

ⓒ 박순찬, 2015
ISBN 979-11-86712-05-4 03300